Era otra cosa la vida

Amalia Solórzano de Cárdenas

NUEVA IMAGEN

Primera Edición: 1994

Portada: Carlos Aguirre
Diseño y edición fotográfica: Jorge Lépez Vela
Cuidado editorial: Juan Guillermo López

© 1994, Amalia Solórzano de Cárdenas
© 1994, Editorial Patria S.A. de C.V.
    bajo el sello de Nueva Imagen
    Renacimiento 180, Col. San Juan Tlihuaca
    02400 México D.F.
    Tels. 561-9299 y 561-9695

Todas las citas que aparecen en este libro fueron sacadas de:
Guilermo Ramos y Salvador Rueda, *Jiquilpan*, Centro de Estudios
de la Revolución Mexicana. Lázaro Cárdenas, *Apuntes*, UNAM.
Martín Luis Guzmán, *Maestros rurales - Kinchil*, Ruta #3.

ISBN 968-39-1096-3

Impreso en México/*Printed in Mexico*

Índice

El general García Aragón, jefe de las tropas a las que se incorpora el General por primera vez.

Siempre me preguntan: ¿nunca has pensado en escribir algo de las experiencias y hechos que has vivido? Con toda franqueza contesto que creo que a pocos les puede interesar mi vida. Algunos piensan que sólo por el hecho de haber sido la esposa de un mexicano excepcional como el general Lázaro Cárdenas y también su compañera, tendría algo interesante qué contar. Habrá algunos que tendrán sólo curiosidad. Otros tal vez sí se interesen realmente por conocer la historia de personas como yo, originarias, por generaciones, de un lugar pequeño. Y lo que diga puede servir quizá para algún estudioso.

Así es que me decidí y saqué todos los apuntes que fui tomando a lo largo de mis experiencias; no era tan disciplinada como el General, pero siempre tuve el cuidado de escribir algo, y este es el resultado.

I

Tacámbaro

Tacámbaro, el pueblo donde nací, es bonito y pintoresco. Tiene un clima ideal, parejo todo el año, lagos y montañas, gente amistosa, viejas casonas y antiguos trapiches. Se preguntarán si esta familia, mi familia, vivió siempre en ese apartado pueblo de Michoacán y si quedan allá personas como en todas las provincias, que cuenten historias de los padres o abuelos, que se transmiten de generación en generación. Les puedo decir que en Tacámbaro nació el autor de «Mariquita Linda» y que en esta población se inspiró el escritor y novelista Rubén Romero para su obra. Podríamos platicar cómo fue la Plaza del Santo Niño, el por qué la torre de la iglesia quedó como si jamás hubiera sido terminada y cómo fue la escapada de la esposa del general Régules, doña Soledad Solórzano, del portón de dicha iglesia o del héroe de esa hazaña, el conocido «Gallo» Molina, cuando en la guerra de intervención por allá habían sentado sus fuerzas los franceses y los belgas. Por cierto que en Audewarde, población de Bélgica, cerca de Gante, existe una plaza con un monumento y el lugar se llama Tacambaro Pleise.

Cuando se han visto todos los días los mismos lugares, no se pone atención a detalles. Hoy por ejemplo, recorrí la plaza y me paseé por el centro donde se encuentra la fuente. Me dio tristeza verla sucia, con papeles y botes. De todas maneras me senté a contemplarla y copié las sabias inscripciones que en sus cuatro lados tiene el obelisco que está en el centro. Es esbelto y precioso. Aún el tiempo lo ha respetado. En un lado hay una fecha: Julio 28 de 1867. En los otros tres, estas sentencias: «La constancia vence todos los obstáculos»; «El trabajo es la base de la industria y de la moralidad pública»; «El espíritu público forma la fuerza y felicidad de los pueblos».

Son las 7 de la mañana. Pocas personas hay aún en la calle. Algunos se aprestan para abrir sus puestos en el mercado. Llegan trabajadores para barrer la plaza y calles adyacentes: ayer fue domingo. Al poco rato, niños y niñas ya muy envaselinados pasan para entrar a clases a las 8 a las escuelas. Así comienza el bullicio de la ciudad. Me puse a platicar con un niño que descansaba en una banca. Tacámbaro no es un pueblo triste: todo lo contrario, siempre se oye música (no siempre muy grata que digamos). También se encuentra uno con gente que gusta de gozar el fresco de la mañana.

Una noche de plática a la luz de la luna, en la amplia plaza del lugar o en tertulias caseras, darán cuenta de la vida de este pedazo de fértil tierra michoacana. No faltará desde luego el curioso que pruebe si de verdad la fuente de la plaza es fría una mitad y caliente la otra, porque según se dice Tacámbaro es la puerta de Tierra Caliente. Visitará desde luego el «portal de abajo», donde encontrará toda clase de guaraches y sombreros preciosos llamados «huetameños», sombrero muy asentador que todo buen mozo que se precie de montar a caballo usa y lo presume.

Entre los lugares para pasear, están La Alberca y La Laguna del lugar y el balneario de la familia Espinosa, llamado Los Pinos. Es pequeño el pueblo, pero tiene su historia y desde luego mucho qué platicar.

El Ciprés

Empezaré por decirles cómo fue mi familia. Fuimos ocho hijos, seis mujeres y dos varones. Los mayores ayudábamos a los menores, aunque por ese tiempo se tenía algún apoyo que daban la cocinera o la lavandera. Siempre fueron cariñosas con todos y las quisimos como parte de la familia.

Mi padre tuvo una sola hermana, Magdalena. Su papá ya había muerto y desde que yo recuerdo vivió con su madre, o sea mi abuela, en la casa paterna. Fueron dos hermanos entrañables. Ella quedó viuda muy joven. Fue una mujer progresista y preparada para su época y su medio. Tenía una buena biblioteca que, ya jovencitas, nosotras disfrutábamos. Siempre anheló salir del pueblo. Tal vez por razones económicas no lo pudo realizar, pues mi papá decía que no podía sostener otra casa en México para su hermana y nuestro hermano Gilberto, hijo del primer matrimonio de mi papá, del que enviudó.

El Ciprés se llamaba el rancho de mi padre. ¡Cómo disfrutábamos de nuestros primeros largos viajes al Ciprés! Como todos éramos chicos, nos ponían en pequeñas sillas con las patas para arriba y así a los lados, en el lomo del burro, las amarraban y sobre un sarape nos metían de dos en dos en cada animal. Nos daban nuestra torta y una fruta para el lonche. Así nuestro paseo sería de unas seis u ocho horas por caminos polvosos o resbalosos, según el tiempo. Casi no se nos permitía bajar, pues podía anochecer y eran caminos de herradura. Llegábamos cansados y adormilados a El Ciprés, que está en un cerro a 2 800 metros de altitud. Nos metíamos a unas camas frías y tardábamos en entrar en calor, siempre dos o tres para sentirnos mejor. Desde luego, nos alumbrábamos con velas: aún ahora no hay corriente eléctrica. Ya con los años y todos mayores, se hicieron unas buenas chimeneas.

Mi papá, mis hermanas y amigas en El Ciprés.

Existe aún una canoa grande que recibe agua de un pequeño manantial. Fue nuestro baño, ya tarde cuando el sol calentaba, para no morirnos con esa agua que los rancheritos decían «muerde» de tan fría.

Nuestra mayor diversión era subir a las carretas e irnos con ellos, los campesinos, a sacar la papa y el maíz para traerlos a la troje. Casi todo el día lo pasábamos fuera de casa. Nos regalaban papas asadas. Los trabajadores que cuidaban del rancho eran de mucha confianza para mis papás. Tenían sus borregos y unas vacas para la leche de trabajadores y la familia. Regresábamos al atardecer. No sé si alguno de ustedes ha tenido experiencias maravillosas como éstas. Se escuchan a esa hora toda clase de ruidos: silbidos, aullidos, ladrar de perros que presienten la proximidad de un descanso en la casa, los burros que caminan más de prisa, casi trotan, las vacas de ordeña que corren para darle de comer al becerro que queda en el pesebre. Son recuerdos preciosos que viví en mis primeros años.

Teníamos en El Ciprés borregos, su lana se llenaba de abrojos y limpiarlos era un lío. Teníamos también una huerta de cafetos que producían un café muy rico. Mi mamá nos daba un centavo los sábados para que recogiéramos en cuarterones el café tirado y, claro, para tenernos ocupadas y no ociosas. A mi bisabuelo le dieron en Bélgica un diploma por la calidad de su café.

Mi papá entró en posesión del rancho El Ciprés al morir su padre, cuando él apenas tenía quince años de edad. Está situado en la sierra entre Pátzcuaro y Cuanajo. Permanecíamos allá las vacaciones, un mes más o menos, sin bajar al pueblo. Cada ocho días un trabajador traía de Tacámbaro o de Pátzcuaro lo que se necesitaba para la semana. No hace falta refrigerador, la temperatura ambiente es suficiente.

Mis padres eran creyentes. Por la noche mi madre nos ponía a rezar el rosario que ella guiaba, nos daba la bendición y a tomar cada quien su lugar. Siempre nos acompañaban tres o cuatro amiguitas que compartían nuestros

soñados días de enero. Mi madre estuvo siempre pendiente de nuestras horas libres. Vestíamos muñecas, les confeccionábamos a mano vestidos preciosos, con encajes y telas francesas. Había mucha importación en provincia: telas, encajes, listones, chaquiras, etc. Fuimos expertas en la costura. Además repasábamos, como se decía entonces, nuestra ropa y la de los hermanos menores. Salíamos al cerro a traer fresas silvestres, frambuesas, y de la huerta, peras y manzanas. Así transcurrían los días sin aburrimiento.

Los fines de semana salíamos de paseo al campo.

El bandolero

Tendría yo unos seis años cuando entró a Tacámbaro el bandolero Inés Chávez García. Se hablaba de él como hombre sanguinario y terrible. Cuando se anunciaba su llegada, toda la gente huía a la sierra y a esconderse en las huertas de los pueblos cercanos. Los de mayores recursos se iban a radicar definitivamente a Morelia.

Tenía días de nacido uno de mis hermanos y con mi mamá nos fuimos a refugiar a una huerta, ella como gallina con sus pollos. Recuerdo a mi madre bajo un limonero comiendo guayabas y plátanos, esperando que pasara el peligro. Pero no fue así, ya al anochecer llegaron los soldados y a tirones nos sacaron. Mi mamá les pedía que no nos hicieran nada. En eso se apareció uno que después supimos era jefe, que venía herido en la boca. Lo vio mi mamá y le dijo si no quería que lo curara. Él inmediatamente le dijo que dónde y nos fuimos a una casa de adobe de la familia que cuidaba la huerta. Luego mi mamá puso a hervir agua para ponerle fomentos de sal. A nosotros nos acomodó en un catre de carrizo. Al fin niños, nos dormimos.

Ya más serena, le confesó que no vivíamos allí sino en el pueblo, y con él nos trasladamos para que siguiera su curación con la ayuda del profesor Ávila, el boticario de Tacámbaro. Ya nos sentíamos seguros y nos regaló dulces y juguetes que con seguridad había tomado de las tiendas de allí mismo. Se le avisó que saliera del lugar y se despidió agradeciendo su estancia en ese hospital improvisado.

Pero no todo fue así de fácil. Había que andar siempre huyendo por los cerros y cañaverales de las haciendas de Chupio y Pedernales. Fue época muy dura para los pueblos y su gente. Incendios y robos era lo que esa gavilla iba dejando en su camino.

Los destrozos de la banda de Chavéz García cambiaron la vida de algunos pueblos. En Paracho vivían muchas familias de la región. De Paracho son los Bravo, mis antepasados. Existía allá gran afición por la música. En aquel tiempo había treinta y ocho casas con piano y en la casa de mis padres toda la familia tocaba piano.

Cuando llegó Chávez García con su gente incendiaron el pueblo. Las familias acomodadas se fueron a Uruapan, otros tuvieron que esconderse por ahí cerca. Años después, sólo llegamos a conocer el patio de la casa donde vivían mis papás.

(...) Cuentan que Chávez, después de Guaracha, iba a entrar a Jiquilpan, pero que en el camino se encontró a una viejecita a la que le preguntaron: «¡Eh, tú, mujer! ¿hay muchas fuerzas en Jiquilpan?»
Y ella nomás les hizo la señal de que vieran cómo el templo estaba lleno de soldados, fue entonces que decidieron irse por otro lado. Dicen que esa viejecita era la Virgen de los Remedios. Porque una señora muy piadosa salió a pedir limosna para hacerle una misa a la Virgen de los Remedios y ahí pedirle que nos defendiera. Desde entonces hasta que se murió esa señora, en diciembre, se mandaba decir una misa como acción de gracias.

Memoria de Jiquilpan,
Elisa Villaseñor
Galván, 1890.

Mi familia

Mi abuelo materno fue Pánfilo Bravo, originario de Paracho, Michoacán. De ahí también fue mi mamá. Ella y sus hermanos quedaron huérfanos de madre muy chicos. Vivieron por muchos años al lado de los abuelos, Vicente Bravo y Juanita Sosa de Bravo. Vicente Bravo fue capitán de chinacos, en la época de la Intervención.

Nos platicaba mi mamá que su abuelo había estado en el sitio de Querétaro cuando murió Maximiliano y que a su regimiento o contingente se les había entregado alguna de las espadas de Maximiliano o de Miramón. En esa época les dieron diplomas y medallas. La medalla decía: «La patria agradecida», reconociendo la actitud del contingente que estuvo en el Cerro de las Campanas.

Por el lado materno, dos tíos de mi mamá estuvieron en San Juan de Ulúa. De uno de ellos, Alejandro Bravo, mi mamá decía: «Estuvo inclusive en el seminario de Jacona, donde estudió el general Múgica». A su vez decía el general Múgica que él, lo que realmente era se lo debía a ese tío de mi mamá, porque había sido gente liberal desde muy joven. Justamente por sus ideas fue a dar a prisión. Mi mamá era igual. Ella en algunas ocasiones le decía al General: «Yo nací liberal y a usted lo hicieron».

La familia de mi papá, de Tacámbaro, era muy conservadora. Mi papá, Cándido Solórzano Morales, tuvo poca oportunidad de participar y de ir a la escuela, porque quedó huérfano muy chico. Empezó a trabajar a la edad de 14 años.

Mi papá era ranchero y comerciante en la localidad, con una pequeña fábrica de jabón y un molino de aceite. La maquinaria había sido traída e

Mi hermana Carmen, yo y Coty.

instalada por un ingeniero alemán, con quien mi familia hizo buena amistad. Su esposa era una bella mujer llamada Susana Elena.

Mi papá y mi mamá se conocieron en un tren yendo de Uruapan a Morelia. Se hicieron novios y a los tres años se casaron y se fueron a Tacámbaro. Cuando mi mamá llegó a Tacámbaro, se sorprendió al saber que él era viudo. Mi papá no se lo había dicho. A los 20 años se había casado y su primera señora murió cuando tuvo su primer hijo. Quedó ese hermano nuestro, Gilberto, que quisimos muchísimo. Vivió toda la vida al lado de mi abuela y de mi tía Magdalena que era viuda desde muy joven y nunca tuvo hijos. Lo crió como hijo, era el sobrino pero también su hijo. Él se casó y tuvo su familia, la que hemos querido mucho porque a Gil mi hermano nunca lo vimos como mediohermano, sino como el hermano mayor.

En nuestra casa nacimos todos con la misma comadrona, doña Susana Palacios. Ahí fueron nuestros primeros pasos y nuestra feliz niñez. El mayor de mis hermanos era Ildefonso, que murió a los 18 años. Estaba en el colegio y estuvo enfermo del riñón desde muy jovencito.

Luego, la mayor de las mujeres soy yo; después viene Carmen y Coty que estuvo en Morelia, en el colegio con las religiosas; Carmen y yo nos fuimos directamente para México, con las Guadalupanas. Los más chicos fueron Victoria, a la que llamamos La Chata y Salvador, que queda en medio de dos mujeres, a quien le decimos Chavo; es ingeniero, estudió la secundaria en México y luego se fue a los Estados Unidos, cuando yo ya estaba casada. La penúltima es Virginia y la más chiquita Susana Elena, que estaba muy acostumbrada a estar conmigo; me extrañó muchísimo cuando me casé.

Cuando mi papá se vino a México, se empezó ahora sí a desgranar la familia. Mi papá y mi mamá estaban de acuerdo en que nos fuéramos a estudiar a México, pero que nos fuéramos toda la familia, menos mi papá. Él estaba demasiado arraigado y le preocupaban los negocios. Mi mamá le

Poncho, mi hermano, que murió muy joven.

ayudaba muchísimo. Era la que le llevaba los libros. Él pensaba que se le iba su brazo derecho, así es que cuando se presentó la oportunidad de que nos fuéramos para México, mi papá se resolvió también a dejar los negocios en manos de otras personas en Tacámbaro. La Chata, Virginia y Susana entraron al Colegio Williams en México, en la calle Sadi Carnot de la Colonia San Rafael. Después La Chata se pasó al Madox y Susana se fue a Estados Unidos al Mary Mount de Los Ángeles. Así es que ya la familia pequeña fue la que tuvo oportunidad de irse fuera de México. Cuando éramos niños con todos nos llevábamos bien. Mi mamá y mi papá con todos conversaban. Mi papá tenía un interés muy particular por cada uno: cómo pensaba, cómo actuaba, su carácter. Siempre estuvo muy atento a la conducta de sus hijos.

Pero ocurrían a veces cosas que él ni se enteraba. La primera «obra social» que creo haber hecho fue a la edad de ocho años, con una familia muy pobre. La madre hacía y vendía tortillas y sus hijas estaban en la misma escuela oficial que yo. Vivían en una casita que mi papá les rentaba cerca del establo. Cuando se llegaba la fecha de pagar la renta me decían: «Prieta, no hemos vendido lo suficiente de tortillas para pagarle la renta a tu papá», Y yo pensaba ¿cómo le van a pagar la renta? Entonces iba a tomarle dinero a mi papá para pagar esa renta. Con los años mis papás se dieron cuenta de que yo sostenía de un todo a esa familia: les compraba los uniformes de las hijas cuando llegaba el 16 de septiembre, zapatos blancos, y claro, todo salía de la casa. Al tomarlo me decía: «bueno, si puedo ayudarles, pues les ayudo». Yo tomaba dinero de mi papá, él no se daba cuenta y todo quedaba en paz. Mi mamá a veces me decía: «tú siempre haces el bien con la ayuda de los demás».

La casa

La casa de Tacámbaro es una casa antigua, de techos muy altos, patios y largos corredores con gran cantidad de macetas y plantas de la región: malvas que todo el año florean, begonias, buganvilias y muchos helechos que dan frescura y alegran. Tenía una huerta muy grande con distintas clases de frutales; además las atmosféricas de todos colores, la blanca, la color rosa, la morada, muy bonitas, yucas, tulipanes y la preciosa flor tan perfumada, ahí la nombrábamos exora, en algunas partes mariposa, floripondios. De todas estas flores nos hacían ramos para llevarlos en mayo a la iglesia. Íbamos orgullosas con nuestros vestidos blancos y nuestros velos de tul, los zapatos muy boleados para que parecieran nuevos (con blanco de zinc disuelto en leche).

Ahí en esa misma casa, con amiguitas nuestras, jugábamos a las comiditas y más grandes a poner (dizque) trapecios para jugar al circo: buenas caídas y peores regañadas.

Nosotros de chicos íbamos mucho a meternos a ver en qué ayudábamos según las edades, porque entonces se cortaba el jabón a mano, no como ahora con moldes. Las más chicas ya no alcanzaron estas actividades.

En mi casa de Tacámbaro había muchos animales. Cruzando la calle estaba el establo. Hacían queso y mantequilla y había mucho movimiento de una casa a otra. En la huerta de la casa teníamos pollos y hasta venados, que luego se pusieron muy bravos, creo que cuando les entró el celo. Tampoco nos faltaban perros y gatos.

La puerta de la casa era de hojas gruesas, de buena madera, antigua y tallada, con grandes aldabas. Cuánta gente entró por ella. A Coty, justo a un lado, le fascinaba vender guayabas. Preciosa puerta que guardará para

Un paseo que hicimos a Morelia.

siempre el secreto de lo que vio y oyó; puerta amigable que abría su media hoja para que así de corta fuera la ausencia; y se quedaba a medio abrir, para que la maledicencia no entrara ni por la bisagra. Con qué cuidado la tratamos: nunca fue tocada más que con sigilo, como lo ameritaba la corta escapada. ¡Qué no sabía de mí y de mis hermanos! Y siempre serena, brindando comprensión y amor. Las ventanas altas con sus anchos «poyos» sólo se abrían para ver un desfile, una procesión o un sepelio.

¡Ah! pero olvidaba también: cuando se decía que había «gallos», pasaban las cantadoras con sus vestidos chillones y ellas pintadas como máscaras (en esa época nadie se maquillaba de esa manera). Entonces decía mi mamá: «métanse, niñas, que eso no es para que lo vean niños...» Pero nos encantaba y luego íbamos a imitarlas.

Con pétalos de rosa nos pintábamos las mejillas y con hueso de mamey quemado las ojeras; también llegábamos a usar papel de china rojo para el rubor. Nos poníamos zapatos y les pegábamos con cera carretes de hilo para hacerles los tacones. Se caían al caminar, pero unos pasitos eran suficientes para sentirnos como las «cantadoras de los gallos». Hasta ahí llegaba nuestra fiesta. Todo en esa misma puerta sin pasar de ella, desde ahí las perdíamos al dar vuelta a la esquina y rápido a vestirnos, para por unas horas sentirnos gente grande, como diríamos «de mundo».

Por esas ventanas altas y angostas, cuando oíamos voces en la calle nos asomábamos y luego decía mi mamá: «debe ser algún soldado mariguano, cierren todo».

La escuela

Estudié mis primeros años en una escuela oficial, la única que existía en esa época en Tacámbaro. Cuando cursaba el tercer año de primaria llegaron las religiosas guadalupanas y abrieron un colegio. Entonces nos cambiaron con ellas. El fundador fue el obispo Méndez Plancarte, de Zamora. Extrañamos mucho nuestra escuela y sobre todo a las amiguitas que habíamos conocido desde chicas. Las religiosas platicaron del colegio que existía en Tacuba y terminando el año escolar nos vinimos a México. Nunca habíamos pensado conocer esta ciudad, pues las comunicaciones eran muy difíciles: sólo por tren y eso desde Pátzcuaro a México. Pero de Tacámbaro a Pátzcuaro teníamos que hacer ocho horas a caballo. No había otra forma de salir, sólo brecha o camino de herradura.

Nuestro traslado a México fue un corte duro. Era la primera vez que nos separábamos de nuestros padres, hermanos menores y amigas de escuela. Con el tiempo la mayoría se fueron casando y saliendo de ahí, cuando regresaba no encontraba casi a nadie. Si viven tres de las que conocí en aquella época, son muchas. Casi todas salieron del pueblo.

En el viaje a México nos acompañó la religiosa directora de Tacámbaro, una señorita Guzmán. Con mi hermano mayor, Ildefonso, llegamos al Distrito Federal, él al Colegio Alfonso XIII en Tacubaya y yo a La Soledad en Tacuba (hoy se llama Esperanza). Este era un edificio grande, no muy bien acondicionado, pues carecía de patios amplios para juegos: Un jardín con huerta dividía el cuerpo del edificio del noviciado, que se cerró en la época de los cristeros. Entonces teníamos la misa o muy temprano o en la noche, todos los días. Las religiosas vestían de falda y suéter. Se quitaron el hábito

La mesa directiva del colegio donde
estudiaba mi hermano.

porque estaba prohibido usarlo y lo escondieron por un tiempo. El colegio
funcionaba regularmente.

La mayoría de las maestras me acogieron bien, diría yo, y yo a mi vez tuve
mis preferencias, sobre todo con la que atendía la ropería, ya retirada, se
llamaba Conchita; y otra más, Isabel, que cuidaba la puerta.

En esa época el colegio que cerraron fue el de Tacámbaro. A las religiosas
que trabajaban en el Guadalupano las llevó mi papá a casa y les consiguió otra
para que pudieran estar más cómodas y seguir su misión de educadoras.

Ya en la época del General en la presidencia, las religiosas del colegio en
México le pidieron que se les regresara la parte del noviciado. Fue de las
primeras cosas que hizo el General siendo presidente. Él había conocido el
colegio tal como era.

Hace muy poco fui invitada a develar una placa por el aniversario del
colegio. Fue conmigo, Lupe Meza, excompañera de clase, la única que realmente veo aquí en México.

En aquella época eran pocas las salidas. Nos sacaban para ir al dentista
o los domingos iba Poncho por mí para pasar el día juntos. Nuestros paseos
preferidos eran visitar Chapultepec, los jardines del Castillo. Otros fines de
semana los pasábamos con unos amigos de mis papás que por aquel
entonces administraban los ingenios de Chupio y Pedernales. Por la tarde,
los domingos, nos llevaban al cine o al teatro.

Los dueños de estos ingenios radicaban el mayor tiempo en España, uno
de ellos era el Marqués de Mohernando. El administrador fue nuestro tutor
y querido tío Mariano, mientras estuvimos en el colegio. Tenían él y su esposa,
María Rivas, una bella casa en las calles de Tabasco, con grandes jardines y toda
clase de servicios. Gozábamos el automóvil para ir al paseo de Chapultepec,
acompañados por las sobrinas que eran de nuestra edad y vivían entonces en
una gran casa en Mixcoac, que me parece después la dividió un eje vial.

Mi hermano Poncho en el Colegio Alfonso XIII.

En el colegio de La Soledad en Tacubaya.

En el corredor de mi casa en Tacámbaro.

II

El encuentro

Conocí al General en 1928, un 3 de junio, cuando a los 33 años andaba en su gira como candidato a la gubernatura de Michoacán. Nosotros solíamos ir en diciembre y enero de vacaciones a Tacámbaro, pues todo el año lo pasábamos en el colegio. Pero mi hermano enfermó y quiso ir unos días a la casa antes de la operación. Mi hermana Carmen se quedó en el colegio en México y yo acompañé a mi hermano. Por eso fuimos en esa ocasión a mediados de año, y así fue como pude conocer al General.

El día en que entró en la plaza del pueblo yo estaba con unas siete amigas en el balcón de mi casa, que da a la plaza principal, para aventarle confeti a su paso.

Desde que nos vimos, yo del balcón y él que saludó como cualquier persona que saluda de abajo, desde la plaza, a unas personas que están en un balcón, desde ese momento, fue mutua la simpatía.

Llegó a Tacámbaro y estuvo tres días. Al segundo día de su estancia, las monjas, justamente las religiosas del colegio, le ofrecieron una comida en la huerta de Los Pinos, que era de la familia Espinosa. Las religiosas pidieron prestado el corredor de la huerta para hacerle la comida al candidato, para agasajar, como es costumbre en las poblaciones chicas, a todo visitante, ¡No digamos ya al candidato!

Como mi mamá era comadre de la Superiora del colegio, ésta la invitó, así como a las mamás de las otras chamacas. Las alumnas participamos y fueron muchas las que inclusive ayudaron. Mi mamá me dijo que en lugar de que me sentara, las ayudara a atender a las personas que estaban ahí. Como fueron muchas personas del pueblo, ahí estuvo el General platicando

Antes, para platicar con los novios, solamente con pura carta; teníamos que mandar algún chiquillo a que los llevara. Le dábamos un centavo por la llevada, de esos centavos grandes; entonces circulaba pura plata buena, ahora puras porquerías de papeles.

Memoria de Jiquilpan,
Viviana Novoa
Cárdenas, 1905.

El General en 1927.

con la gente de Tacámbaro, con los invitados. Conmigo no hubo ocasión, porque mi mamá me había puesto a atender a los invitados.

Mi papá no participó. Nunca asistía a nada, renuente siempre a toda actividad social. No veía con buenos ojos la permanencia de tres días del candidato recorriendo los pueblos cercanos.

Por la tarde el General se fue, me parece que a Ario de Rosales. Me dejó, antes de partir, una tarjeta chiquita donde me decía: «yo regreso mañana a tales horas». Así transcurrieron tres días. Desde ese momento me mandó tarjetitas informándome a dónde iba, a qué horas regresaba. En cortos encuentros nos tratamos. Entonces todavía no se daban cuenta de que simpatizábamos el General y yo. Ya después, de novia, cuando regresaba el General, algunas veces nos encontrábamos en la huerta.

El General se hizo muy amigo de la familia Espinosa. Con la señora, ella ya de edad, el General platicaba de la Revolución, del pueblo, de las personas e historias del lugar; en fin, platicaba el General largamente con ella. En alguna ocasión en que se iba para México le dijo: «Mire, cuando yo tenga alguna casa, por los muy buenos ratos que he pasado aquí con ustedes –aquí conocí a Amalia– le pondré a la casa 'Los Pinos'».

El General en Tacámbaro, cuando era candidato
a gobernador; ahí está Susa, mi hermana.

El puente quemado

Recién que nos conocimos, me dijo el General que le gustaría que nos casáramos antes de que tomara posesión del gobierno de Michoacán. Cuando se lo platiqué a mi mamá, que fue a la primera a quien le platiqué las intenciones, me dijo: «Por ningún motivo. Tú te regresas a México, te regresas al colegio». Cuando se lo contó a mi papá, éste, sin decirnos al respecto nada absolutamente, sólo dijo: «Se arreglan y van a salir para Puebla». Entonces con mi mamá salimos a Puebla, a la casa de sus hermanas que entonces vivían allá, para pasar con ellas el 10 de julio, dizque con el pretexto de que era día de mi santo y día del santo de una tía. Todo era para quitarme de Tacámbaro, porque el General había dicho que regresaría en julio para pedirme. Como el General siempre me mandaba propios o algún ayudante con cartas o mensajes, le pude avisar que no fuera. Él estaba en Huetamo. Me había mandado decir que si mi papá lo iba a recibir. Le respondí «No, ni te va a recibir ni nada. Al contrario, nos vamos mi mamá y yo para Puebla».

Regresamos de Puebla, porque mi mamá tenía que irse forzosamente a Tacámbaro, pues había dejado a todos los chicos allá. Se atravesaba el 15 de julio, día de los Enriques. Mi mamá quería mucho a un sobrino de mi papá, Enrique Aguilar, que era maestro y quien ya después fue inspector de Educación del gobierno de Michoacán en el periodo del General. Entonces dice mi mamá: «Vamos a pasar por México a visitar a Enrique y a pasar el día con él». Por supuesto, el General había seguido enviándome correspondencia con propios también a Puebla. Rápidamente aproveché y por la misma vía le avisé que veníamos a México, que nos íbamos a quedar en casa de Enrique, a pasar su día y algunos más, a ver si se venía él de Morelia para México.

En la campaña de gobernador.

Toca la casualidad que el día 17 matan al general Obregón. Mi mamá se había salido una mañana con una amiga de Guadalajara, Conchita Ochoa, y nos habíamos quedado con Enrique en casa. Le pedí que le hablara al General al hotel, que estábamos solos y que se viniera a la casa, en las calles de Tacuba. Vino inmediatamente y estábamos muy bien, platicando y todo, cuando en eso oímos que mi mamá llegaba con su amiga. No hallábamos qué hacer con el General. Entonces Enrique y yo corrimos un ropero, que era lo único que había, y pusimos al General detrás del mueble, mientras distraíamos a mi mamá un poco y la preparábamos para decirle que en la sala estaba el General. Mi mamá realmente lo estimó desde un principio, nada más que como veía a mi papá sumamente delicado con nosotros, tenía que hacerse un poquito de lado.

Así pasé cuatro años y meses de novia. Fue el tiempo que duró su gobierno en Michoacán. Mi mamá apechugaba todo, pero mi papá nunca consintió en ese noviazgo. Como él no me dejaba verlo, entonces íbamos al puente que estaba todavía sobre brecha en la carretera que va de Tacámbaro a Pátzcuaro. Cuando el General me decía: «voy a salir para Uruapan», yo sabía que Uruapan era el nombre con que había bautizado al puente. Era un puente que se estaba construyendo desde que se empezó la carretera de Pátzcuaro a Tacámbaro, porque Tacámbaro estaba prácticamente incomunicado. Tenía uno que andar a caballo por caminos de herradura. Aquel puente todavía se estaba haciendo cuando los cristeros lo quemaron para incomunicar fuerzas federales. Era el nuestro un puente quemado.

Para que yo hiciera mi lucha con mis papás o me escapara y fuera a ese puente a verlo, le decía a mi mamá: «Oye mami, ¿No se te ofrece nada? El General va para Uruapan». Y como para ir a ese lugar se pasa por Paracho, que es donde vivía mi abuelo, me contestaba «No, nada más dile que si pasa por Paracho, salude a mi papá». En esos días era muy peligroso ir al puente, pues era la época en que los cristeros andaban alzados.

Simón Cortés se rinde ante el General,
gobernador de Michoacán.

En alguna ocasión, uno de los generales cristeros le dijo a mi papá: «Mira, tu hija con alguna frecuencia se escapa a tal lugar y un día van a caer el gobierno y ella en nuestras manos. Si no lo hemos hecho es por la consideración que te tenemos a ti y a la familia, pero tu hija se escapa seguido a la carretera». Afortunadamente nunca nos pasó nada. Cuando mi papá nos lo dijo, entonces sí tuvimos más cuidado. Se lo dije al General. Pero ahí nos seguimos encontrando cuando iba de vacaciones, muchas veces. Así pasaron cuatro años.

En esa época oí hablar de Simón Cortés, un guerrillero cristero. Hubo uno que le decían Simón Cortés el bueno y a otro Simón Cortés el malo. Parece que al papá de quien después fuera obispo de Chilapa, Fidel Cortés, era a quien le llamaban Simón Cortés el bueno. Simón Cortés tenía propiedades que lindaban con las de mi papá, por eso es que se conocían desde niños. Eran rancheros, gente buena y trabajadora. Mi papá había conocido a todos los cristeros antes de que se levantaran en armas. Eran rancheros de Tacámbaro que tenían pequeñas propiedades. No eran personas ricas ni mucho menos. Se conocían todos entre sí. La gente de Tacámbaro los conocía y los ayudaba para defenderse, para que no fueran atacados. Ellos no hacían ningún mal a la población. Había habido gavillas como la de Inés Chávez García que sí caía a robar y a matar. Pero los cristeros no llegaban a robar o a asaltar las casas o los pueblos; por lo menos aquí en Tacámbaro, no.

La gente del pueblo los cuidaba y los ayudaba y era una forma de protegerse. Después hubo una amnistía e intervino la señora Pineda, que fue la que hizo el contacto entre ellos.

El General también me iba a ver al rancho, a El Ciprés. Se iba a caballo desde Pátzcuaro y cuando llegaba, nosotros, con Carmen mi hermana, salíamos a darle queso, pan y todo lo que había. Al otro día, mi mamá decía:

En Oaxaca, presidente del
Partido Nacional Revolucionario (PNR).

«Bueno, pero ¿qué pasó?, ayer había esto y lo otro y ¿ya no hay?» y no se daba cuenta de que en la noche o en la tarde el General y uno o dos ayudantes llegaban a una parte alta del rancho. Por supuesto, no a la casa porque con mi papá no se podía. Con mi hermana nos salíamos a caballo y nos veíamos con el General en alguna parte del rancho o en el cerro.

En México, el General, siendo secretario de Gobernación, iba a verme al Colegio de Tacuba. Pocas veces, pues era natural que a las religiosas no les pareciera muy bien su presencia. Estábamos en la época del general Calles. Por eso, al principio era lógico que las religiosas pensaran que si era militar, tal vez fuera a perjudicarles en alguna forma, cerrándoles el colegio o algo así. Pero cuando vieron y se enteraron de que realmente no había esa intención, lo miraron ya con simpatía. Me dejaban verlo, no muy seguido ni mucho menos, sino cuando yo les pedía.

Algunas religiosas posiblemente tenían un poquito de recelo. Pero otras veían más claramente las cosas y lo trataban bien. El General, por su parte, siempre fue muy cortés con todos. No me dejaban sola, una se quedaba dizque tocando el piano. Como era una sala relativamente chica, cuando entraba el General a verme siempre se quedaba alguna religiosa por ahí.

Cuando lo trataron un poco más, lo llegaron a estimar de verdad. Lo quisieron y lo consideraron su amigo. Tan fue así que al correr de los años, siendo candidato a la presidencia, le bordaron una de las bandas que usó durante su gobierno.

Muy poco nos veíamos realmente. Lo que teníamos era una correspondencia nutridísima. Tengo cartas de 365 días del año.

La boda

Los años del General como gobernador –1928 a 1932– fueron años de mucha movilidad para él mismo. Estuvo poco en el gobierno de Michoacán, pues en su periodo comandó la Columna del Noroeste para combatir a Escobar en 1929, y durante la presidencia del ingeniero Pascual Ortiz Rubio fue presidente del PNR y luego secretario de Gobernación. Cuando Ortiz Rubio se retiró de la presidencia, el General regresó a Michoacán, donde había quedado un interinato que cubrió el licenciado Gabino Vázquez. Él no era un hombre de escritorio, que se conformara con informaciones de secretarios, sino que iba personalmente a conocer y ver los problemas. Nunca se valió nada más de información indirecta ni de periódicos o de documentos.

Dijimos entonces que si no nos habíamos casado antes de que él fuera gobernador, mejor nos esperábamos a su salida del gobierno. Él había pedido una licencia de seis meses, una vez terminado el gobierno, para salir del Estado. Quería dedicarse al rancho. A él le gustaba mucho la agricultura y poder ocuparse de su rancho. No fue posible, porque nada más estuvimos un mes en California –que era el nombre del rancho– y después para otro lado.

Entregó el gobierno de Michoacán al general Benigno Serrato el 15 de septiembre de 1932 y de inmediato fue nuevamente a pedirme en matrimonio. Mi papá no lo quiso recibir. Nada más salió mi mamá a saludarlo y a estar un rato con él en la sala. El General le preguntó: «Bueno, ¿no podría yo hablar con don Cándido?» y le respondió mi mamá: «Por ningún motivo; no, no quiere».

Mi papá nunca aceptó esa relación. Más que nada creo por haber sido yo la primera hija y los papás con la primera se ponen más delicados. Después se arrepienten, pero ya ha pasado. Aparte de que el General no le gustaba

15 de septiembre. Terminó hoy mi periodo constitucional en el gobierno de Michoacán, rindiendo mi informe a las 23 horas ante el H. Congreso del Estado, periodo 1928-1932. A las 24 horas rindió su protesta el general de división Benigno Serrato, gobernador electo.

24 de septiembre. Hoy salí de Morelia en tren hasta Ajuno, siguiendo de este punto a Tacámbaro en el ferrocarril maderero, llegando a las 16 horas.

Lázaro Cárdenas,
*Apuntes,*1932.

Mi cuñado Alberto y su familia en el
Desierto de los Leones.

25 de septiembre.
A las 10 horas de
hoy verifiqué mi
enlace civil con
Amalia, en su casa
de Tacámbaro, Los
padres de Amalia se
abstuvieron de estar
presentes en el acto
por no estar
conformes en que
prescindamos del
matrimonio
eclesiástico, que en
nuestro caso no es
necesario.
A las 12 horas
salimos en tren hasta
Ajuno y de allí en
auto al rancho de
Aranjuez, situado a
la orilla del lago de
Pátzcuaro, en donde
nos atendió Alberto
Espinosa y su
familia. Por la tarde
seguimos a La
Eréndira.

Lázaro Cárdenas,
Apuntes,1932.

por ser militar, que los militares esto, que lo otro, que si se iba a decir... A mí me decía: «Te vas a casar con un soldado y vas a andar de soldadera, con un perico en el hombro». Y terminaba en que no, en que yo estaba muy joven, así es que no, nunca.

Cuando nos casamos mi papá no estuvo con nosotros. Mi mamá me acompañó y por la mañana del 25 de septiembre de 1932 nos casamos en la sala de mi casa, siendo mis testigos el licenciado don Juan Ortiz, el juez, quien me dijo: «Si quieres soy testigo tuyo», por eso fue también el juez testigo mío; y un primo del General, José María del Río, que lo había yo conocido bien y lo quisimos mucho, le decíamos Tío Chema todas las muchachas; y además un primo de mi mamá, Gorgonio Sosa. Por parte del General atestiguaron sus amigos licenciado Silvestre Guerrero, a quien conocía desde el gobierno de Michoacán, y Efraín Buenrostro, que había sido compañero suyo desde los bancos de la primaria en Jiquilpan. A ambos los conocí desde antes del matrimonio. Por cierto, a la esposa de Silvestre Guerrero, María Laguardia, el General le pidió, desde cuando me llevaron para Puebla, que me hiciera el vestido de novia. De invitados, mis hermanos, todos menores de edad. No hubo brindis.

Mi papá no estuvo de acuerdo con la boda. Todavía el General, ya para venirnos, después de que nos habíamos casado, bajó a la tienda para ver si mi papá lo recibía y mi papá no salió a saludarlo. A mi mamá sí la vimos con el General en la noche.

Mis hermanos, desde que conocieron al General, todos lo quisieron. Al mayor, Ildefonso, que murió en México, el General lo fue a ver al Hospital Francés cuando estuvo enfermo. Entonces el General estaba de secretario de Gobernación. Todas mis hermanas lo trataban muy bien, desde chiquillas le decían «cuñado». Ya después, al año y medio de que yo me casé, empezó a noviar Carmen mi hermana con José Raymundo, el menor de la familia Cárdenas, y se casaron también.

Con Carmen, que es la que me siguió, no recuerdo que haya habido fricción con mi padre, ni mucho menos. Fue José muy tranquilo a pedirla. Claro, mi papá como no había ido a mi boda, estimó que tampoco debía de ir a ninguna de las siguientes. Coty se casó también con un militar, que era entonces ayudante del General. Cuando La Chata, le dije a mi papá: «¿Y por qué no vas tú a entregar a la Chata a la iglesia?», y me contestó: «No, no, ya eso pasó».

La Eréndira

Nos despedimos de mi mamá y mis hermanos en un ambiente de inconformidad y tristeza. En el tren de Ajuno nos encaminamos a Aranjuez, donde nos esperaba una de las hermanas del General, Josefina, y la familia de la hacienda. El trenecito de Ajuno caminaba muy lento. Hicimos casi todo el día de camino; a Pátzcuaro llegamos por la noche. Visitando las islas y las escuelas pasamos una semana en La Eréndira, tenía una casa pequeña y una huerta con frutales y caballerizas. El General montaba todos los días por los cerros cercanos.

La Quinta Eréndira (en la hermosa lengua tarasca significa risueña), se empezó a construir en 1928, el año en que nos conocimos. Siempre pensé que sería nuestro hogar.

La gente de los pueblos, sobre todo la del pueblito que queda muy cerca que se llama Tzurumútaro, estaban acostumbradas a que cuando el General estaba en La Eréndira, iban sin anunciarse. La puerta de la huerta estaba siempre abierta. Así, a los dos días de haber llegado, se enteraron de que nos habíamos casado y empezaron a llegar con gallinas, con un borrego, con un puerco, con lo que fuera. Cuando vimos que era mucha gente pensó el General que era imposible darles de comer a todos y mandó al pueblo, a la plaza, a comprar sopa de fideo, arroz, frijoles, carnitas, chicharrón, lo que encontraran porque ya no eran veinte ni treinta personas, era casi todo el pueblo de Tzurumútaro el que estaba en la huerta. La única que estaba ahí, que más o menos conocía el manejo de la casa, era mi cuñada Josefina. Inmediatamente se puso a hacer agua de limón. Le ayudé y nos pusimos a darle a toda aquella gente en lo que podíamos: vasos no había suficientes, ollas

Puebla 1933, en la casa del general Melgar.

no había suficientes; en fin, como pudimos se les dio agua y de comer a todos.

Pasamos una semana en La Eréndira. El General montaba todos los días por los cerros cercanos. Visitaba también las islas y las escuelas. Le gustaba mucho Pátzcuaro, gozaba caminar por sus hermosas calles y su grandiosa plaza, visitar a sus amigos, a una familia en Cucuchucho. Íbamos a Chupícuaro, allí nadaba a pesar de que el agua es muy fría.

Todos los días caminaba por la huerta. Cada árbol, cada flor, tenían para él un interés muy particular. Algunas plantas o enredaderas las bautizaba con nombres, a una «Maly», a otra «Amalín». Visitaba el establo. Tenía conocimientos muy vastos sobre agricultura y ganadería: llevaba personalmente el registro de árboles, su procedencia, su edad, su cultivo. Amaba todos los árboles. En su tierra, Jiquilpan, hizo el parque Juárez, que tiene variedades de árboles que dan sombra a los muchos visitantes.

A mediados de octubre nos fuimos a Tierra Caliente. Salimos de Pátzcuaro a Uruapan por un camino de brecha, el único que había. Íbamos en un Fordcito, con el ingeniero Joaquín Espinosa, amigo del General que trabajaba en Michoacán en cuestiones forestales, su esposa María Teresa, y el general Francisco Martínez Montoya, de Tacámbaro, ayudante y amigo del General. El camino era tan malo que había que pararse a cada rato y el General y el chofer tenían que bajarse a tapar los hoyos con ramas y piedras para poder pasar. Nosotros seguíamos a pie mientras sacaban el cochecito adelante. Así nos tardamos en el camino y nos quedamos a dormir en una casita de Nahuatzen, lugar muy frío con gente hospitalaria. Al día siguiente llegamos a Uruapan, donde nos quedamos unos días antes de seguir a la Tierra Caliente.

En este bello lugar de Uruapan nos agasajaron con paseos y el baile de las «canacuas», que para mí fue novedad. Nunca había visto estos grupos con trajes típicos y sus bailes cadenciosos y muchachas bonitas. Por fin llegamos a Apatzingán. Para mí todo fue sorpresa. Jamás había visto sapos del tamaño

de un conejo. En el arroyo que pasaba por la huerta había cocodrilos medianos, bichos de toda especie y tamaño y se tenía que hacer lumbre para alejar por la noche a los mosquitos. Recorríamos la huerta a pie o a caballo. Por entonces yo montaba muy mal, prefería caminar aunque sentía mucho el calor y el sol de ese trópico.

Así fue nuestra luna de miel todo el mes de octubre. A finales de ese mes lo comisionaron a la zona militar de Puebla. Entonces el coronel José Manuel Núñez, que había sido jefe de ayudantes del General en el gobierno de Michoacán y en comisiones que tuvo, se trasladó a recibir la zona. El General había pedido una licencia por seis meses, tiempo que nunca se le concedió. A finales de noviembre nos regresamos a Pátzcuaro para de allí seguir a México y llegar a Puebla. En Apatzingán el coronel Núñez vendió dos caballos y unas vacas para que pudiéramos pagar el viaje a Puebla.

Quinta Eréndira, Pátzcuaro, 28 sept. 1932.

Sr. Gral. Francisco J. Múgica
Islas Marías.

Mi estimado Gral. y fino amigo:

Parece que mi carta que le dirigí antes de entregar el gobierno de Michoacán no lo encontró a usted en esa. Pero creo ya la tendrá y verá en ella que lo invitaba a venir a darme el saludo de despedida al dejar el Gobierno.

Solicité licencia para estar separado del servicio por los días de este mes y posiblemente pida se amplíe por el mes de octubre para terminar el arreglo de algunos asuntos. No sé aún a qué Jefatura sea pero le avisaré oportunamente.

Le platicaría mucho, acumulado por los meses que han transcurrido sin recibir sus letras, pero lo dejaré para cuando tenga el gusto de verlo y hoy le daré más noticias por lo que verá que ingresé al número de los «disciplinados». Aquí le va.

El 25 del actual a las 10 horas tuvo verificativo en Tacámbaro mi enlace civil (únicamente civil) con Amalia y desde ese día nos tiene Ud. aquí en La Eréndira a sus órdenes, pienso permanecer en ésta la presente y entrante semana. ¿Qué le parece?

Alicia sigue con su mamá en México; tendrá ella siempre *mi cariño y mi atención*.

Decidí no seguir ahorita en Michoacán, sino, si el panorama lo permite, volver dentro de 6 meses o un año para prestar nuestra colaboración en la apertura de caminos, sólo que en el estado se presenten grupos personalistas tendré que permanecer alejado.

En estos días le mandaré copia del informe que rendí el 15. Recuerde lo invité para esto y seguro aún no regresaba de EU de comprar su Escuadra de Guerra cuando mi carta llegó a la Isla; Amalia que sabe de nuestro afecto le envía cariñosos saludos.

Con un fuerte abrazo se despide su amigo que lo quiere.

Lázaro Cárdenas

Isla Ma. Madre, Nay., el 21 de oct., de 1932.

Señor General de División
Lázaro Cárdenas.
«Quinta Eréndira», Pátzcuaro,
Michoacán.

Mi muy querido General y amigo:

Tres largos meses me pasé en las Costas de la Alta California buscando con empeño, aunque sin la Linterna de Diógenes, un barco que fuera bueno, bonito y barato, pues eran los puntos indispensables que había que resolver para conseguir unas cien toneladas de transporte, diez millas siquiera de marcha y relativa hermosura en la embarcación.

Como era natural hice y deshice tratos; escudriñé rincones de los Puertos Americanos y al fin pude regresar con una primorosa nave que casi llena los puntos del programa. Pero perdí tres meses, tres largos meses de aburrimiento, atisbando los sensacionales asuntos de nuestra querida Patria y añorando la musical lengua de nuestro país en aquella Babel americana.

Al regreso me encontré con sus cartas del 28 de septiembre y 11 de agosto, conteniendo muchas notas importantes, pero fundamentalmente, la de haber ingresado usted al gremio de los sumisos y abnegados. Aunque es peligrosa esta carrera que ha emprendido yo la deseaba siempre para usted, atendiendo a sus divagaciones múltiples y a la anarquía amorosa en que pudo usted correr más de un riesgo. Por otra parte, sé que la agradecida vencedora tiene el encanto juvenil necesario para predominar en todos los momentos de la vida y, si tiene discreción para aplicar su inteligencia y cordura, podrá hacer del aguerrido cabecilla un hombre tranquilo y prudente.

Mucho agrado me causó ver unido a la solución de este problema el propósito de considerar a la pobre Chatita con los mismos fueros que antes tuvo, pues en la carrera rápida y fugitiva de los sentimientos internos he descubierto que no hay más que un verdadero y leal amor en la vida y es el amor de los padres para los hijos, todo lo demás son tortas y pan pintado.

Yo también quería estar presente a la hora del balance de su gobierno para haberlo abordado públicamente con todo valor y con toda precisión, pues generalmente los juicios que el público se forma carecen del conocimiento suficiente de detalles y circunstancias, aparte de que en los momentos de entrega siempre se presenta la parte débil por más que se haya aquilatado la voluntad y acrisolado el manejo.

Pero aunque para ello ya es tarde y aunque usted no necesita el espaldarazo de nadie yo estoy solidarizado con su obra, creo que hizo usted lo que pudo y aún mucho de lo que quiso, cosa que no todos pueden lograr, a pesar de los pesares.

Yo quisiera que el pequeño periodo de descanso que se ha tomado antes de volver al ejercicio de las armas se prolongara un poco y viniera usted aquí a pasar unos días en el retiro único que es verdadero retiro y en compañía de quien lo quiere y estima profundamente. Yo creo que Amalia –perdone que así la llame con afecto y confianza– quedará muy contenta conociendo esta orillita de su país, ella que apenas sabe de los horizontes limitados de la tierra caliente como a través de un halo constante, desde las laderas de su Tacámbaro ideal. Recuperará usted aquí toda su lozanía y podrá ir de nuevo a las Jefaturas de Operaciones a llevar como siempre entusiasmo y labor. (...)

Por ahora le envío mis recuerdos afectuosos como siempre y mis deseos de que vivan contentos ambos consortes así como de que procure usted conservar en la inexperta compañera de su vida todas aquellas impresiones que tengan como fundamento la verdad y como resultado el mutuo acuerdo.

Le envío un abrazo.

Francisco J. Múgica

Guadalupe Inn

17 de junio.
(...) Desde antier está
Amalia en cama
afectada por su
embarazo de seis
meses, no sabiéndose
hasta ahorita la
causa del «desprendi-
miento» que según el
señor doctor Alvarez
se presentó en su
embarazo. Ayer y hoy
los dolores han sido
más agudos,
opinando el doctor
que se vendrá el
parto.

A las 14 horas dio a
luz una niña que se
mantiene con calor
eléctrico. Amalia está
bien.

Lázaro Cárdenas,
Apuntes, 1933.

Nos instalamos en Puebla en la casa del general Rafael Melgar, amigo muy estimado por mi esposo. Se habían traído algo de muebles de su casa de Morelia, pero no hubo tiempo de desempacarlos, ya que el día 2 de enero de 1933 fue llamado por el presidente Abelardo Rodríguez para recibir la Secretaría de Guerra y Marina en México.

Llegamos a vivir a la casa que tenía el General en Guadalupe Inn. Esta fue mi primera vivencia ya como señora de casa, sin ninguna experiencia, y fue así como conocí a parte de la familia Cárdenas. Algunos, ya casados, vivían en la misma colonia Guadalupe Inn.

El 18 de junio de 1933 nació nuestra primera hija, Palmira, que duró unas cuantas horas. Como lo decíamos más tarde, si hubiera nacido en el sanatorio tal vez hubiese vivido en incubadora; aunque era difícil, pues era demasiado pequeña, seis meses solamente. Fue nuestro primer tropiezo en la vida. Lo lamentamos profundamente, yo era muy joven y no tomé ninguna precaución.

Mi vida en casa era de lo más normal. Así pasamos esta parte del año, el General con mucho trabajo, muchas salidas para recorrer las diferentes zonas del país.

Regresé a Tacámbaro a visitar a mis papás. Para entonces, ya permitieron que se viniera mi hermana la más pequeña, Susana, una niña de lo más educada, con buen carácter, a la que el General quiso y consintió como si fuera su hija. Él la había conocido de un año de edad, cuando era una bebita preciosa. Al poco tiempo se vino también mi hermana María del Carmen, que al año y meses sería la esposa de José Raymundo Cárdenas, el hermano más joven de la familia.

Mis papás con mi hermana Carmen.

Ya, claro está, para esas fechas había yo conocido a algunos de los amigos más cercanos del General, el licenciado Antonio Villalobos, que después fue jefe del Departamento de Trabajo cuando la expropiación petrolera, y su bella esposa Elisa de la Parra, originaria de Durango; al general Francisco Múgica, a los Guerrero, al licenciado Ignacio García Téllez, después secretario de Educación y de Gobernación en el periodo del General, y su esposa Mame, señora muy inteligente y toda bondad, y muchos más que seguí tratando a lo largo de nuestra vida.

Ya con el tiempo, mi papá y el General tuvieron gran amistad, se quisieron mucho. Mi papá se convenció de la clase de persona que era el General. Lo decía con una expresión muy chistosa: «Este es un garbanzo de a libra».

Con el paso de los años se va conociendo mucha gente y así se escogen los mejores amigos, con quienes se comparten penas y alegrías. En esto he sido muy afortunada. A la fecha, cuento con amigos que conocí entonces y a quienes les tengo verdadero cariño, como a la señora Chole Orozco de Ávila Camacho y a muchos otros que sería largo nombrar.

Algunas amigas muy queridas se han ido ya. Mantengo mi recuerdo por ellas con toda emoción.

Casa de Guadalupe Inn, donde nació Cuauhtemoc.

18 de junio. Amalia está sin complicaciones. La niña se mantiene con vida, pero es difícil que viva. La hemos llamado Palmira.

19 de junio. Ahorita, una hora, se apagó la vida de la niña. Muy difícil que viviera habiendo nacido de seis meses escasos. Le di el nombre de Palmira (...) donde vamos contentos con Amalia los sábados y domingos a sembrar allí con ella árboles y flores que a semejanza de los hijos se ven crecer con cariño. Así, allí en Palmira, (...) vimos crecer ilusionados el fruto de nuestro afecto... para verlo morir hoy...

Lázaro Cárdenas, *Apuntes*, 1933.

Cuauhtémoc

Vino Cuauhtémoc al mundo la tarde del primero de mayo de 1934, en nuestra casa, en la calle de Wagner No. 50, que fue después Guty Cárdenas, de la colonia Guadalupe Inn. Era una casa pequeña, con jardín bonito. En ese entonces vivían en la colonia los hermanos del General, Alberto, Dámaso, Francisco y más tarde José Raymundo, esposo de mi hermana María del Carmen.

Cuauhtémoc nació de ocho meses y como no había propósito de ir a ningún sanatorio, pues siempre pensamos que naciera en la casa, en ese momento se le avisó a la doctora Vergara y a su esposo el doctor Alfonso Segura para que me atendieran. A la doctora Vergara la trajo Matilde Rodríguez Cabo, esposa del general Múgica, con quien estuvimos siempre muy cerca.

La esposa de Silvestre Guerrero, la señora La Guardia, había ofrecido arreglar el moisés y todas esas cosas. Pero como el niño nació de ocho meses, no tenía nada preparado y lo pusimos en una caja de cartón de un abrigo de la casa Vogue. En esa caja fue como lo conoció el general Múgica, el primero que lo vio, y se lo fue a participar al General, que estaba en un acto de campaña por ser día del trabajo, 1o. de mayo.

Se registró al niño en San Ángel. Lo llevaron mi cuñado Alberto y una señora que trabajaba con nosotros, Teresita. El nombre lo eligió su papá y el niño, como todo ser nuevo, fue recibido con alegría. Firmaron como testigos de su registro el general Francisco Múgica y mi cuñado Alberto.

Llegamos a vivir a la casa de Guadalupe Inn cuando el general terminó la comisión de la Secretaría de Guerra y Marina y comenzó la campaña para la presidencia. En esa época el General salió mucho. Fueron meses de campaña pesada. Yo me quedé en la casa esperando primero y después atendiendo al niño.

1o. de mayo, México. A las 12 horas dirigí por radio a los trabajadores de la República un saludo, insistiendo en la organización cooperativa de trabajadores como medio efectivo para mejorar las condiciones del mismo trabajador y aumentar la producción agrícola e industrial del país. Organización que vendrá también a resolver el problema de los «sin trabajo».

(...)
A las 18 horas dio Amalia a luz un niño.
Feliz coincidencia la de su nacimiento en este día 1o. de mayo. Llevará por nombre Cuauhtémoc Lázaro Cárdenas Solórzano.

Lázaro Cárdenas, Apuntes, 1934.

El General en Yucatán, durante su campaña por la presidencia.

21 de mayo.
(...)
Amecameca y Chalco.
Mi impresión recogida
en Morelos es que la
clase campesina está
en mejores condiciones
que en otros Estados,
como consecuencia
de que la totalidad
de las haciendas
fueron repartidas en
ejidos a los campesinos
y opera actualmente el
Banco de Crédito con
dos millones de pesos.
El pueblo campesino de
Morelos no está
dividido como sucede
en otras entidades y es
que el problema de la
tierra está resuelto.
Aquí ya no hay lucha
entre el ejidatario y
peones asalariados, ni
existen elementos
extraños al ejido
constituyendo las
defensas armadas.
Aquí en Morelos son
los agraristas los
únicos que forman
dichas defensas. (...)

Lázaro Cárdenas,
Apuntes, 1934.

III

En Los Pinos

En la presidencia del ingeniero Pascual Ortiz Rubio, el General vivió esos dos años en el Castillo de Chapultepec, siendo presidente del PNR y secretario de Gobernación, en una casa que había en la parte de abajo del Castillo. En esa misma casa durante el periodo del general Cárdenas vivió el general José Manuel Núñez, que fue jefe de ayudantes. El General conoció muy bien esa casa.

Tenía también mucho acceso al Castillo y veía cómo vivía la familia Ortiz Rubio, realmente muy restringida, con tantos niños que tenía y sin ninguna privacidad. Por eso, cuando fue elegido presidente no quiso el Castillo, pues allí entraba la gente cuando fuera a ver el Castillo. Entonces se puso a buscar casa en Bienes Nacionales y le ofrecieron la que hoy es Casa del Lago. Estaba habitable, pero venía a ser lo mismo que el Castillo: no tenía mucho espacio, estaba nada más cercada y la gente iba a estar en la reja.

Así dio con el rancho de La Hormiga. Vio que la casa estaba muy destruida pero que tenía más o menos las comodidades que él quería: tenía un campo muy grande, una alberca (aunque no en buenas condiciones) y sobre todo espacio. Cuando nos cambiamos hubo que hacer baños, pues había uno solo en la parte de arriba. Muy al principio Alicia, la hija del General, vivió con nosotros y hubo que hacerle baño a ella. Cuauhtémoc tenía ya seis meses y en la recámara que ocupaba frente a la nuestra se cerró uno de los balcones y se adaptó como baño.

El rancho de La Hormiga abarcaba lo que es hoy Tacubaya, hasta donde está la escuela del Pípila. Para Los Pinos quedó un pedazo, limitado por la Avenida Constituyentes y con acceso a Chapultepec. Nosotros habitamos la

30 de noviembre. En el Estadio Nacional rendí hoy mi protesta ante las Cámaras de la Unión como Presidente Constitucional de la República. (...) Determiné no vivir en el Castillo de Chapultepec que ha venido sirviendo de residencia al presidente de la República, para que el público pueda visitarlo con toda libertad. Un 95% de la población no conoce el interior del Castillo, que es de gran atractivo por su ubicación y sus antecedentes históricos. (...)

Lázaro Cárdenas, *Apuntes*, 1934

casa de La Hormiga, con algunas modificaciones menores. Ahora, la casa habitación actual en Los Pinos es la que hizo el licenciado Miguel Alemán, aunque todo se sigue llamando Los Pinos. Aquella casa original nomás la vivimos los Ávila Camacho y nosotros. Ahora está como oficinas y a los salones les han puesto nombres de expresidentes.

Por cierto, el General le puso el nombre de Los Pinos en recuerdo de lo que había dicho a la familia Espinosa en Tacámbaro: «Cuando tenga una casa, le pondré Los Pinos, porque aquí conocí a Amalia». El General hizo sembrar allí muchos pinos para hacer honor al nombre y guardar el secreto de por qué se llamaba Los Pinos. «No sea que le vayan a cambiar el nombre», decía.

Lo que el General quería era una casa donde él pudiera levantarse muy temprano a caminar, que la gente no estuviera dentro de la casa. Se levantaba y nadaba muy temprano, en agua helada porque la alberca entonces era fría con ganas. Le gustaba porque tenía mucho espacio, se paseaba por ese jardín o citaba a personas y conversaba caminando por todo el lugar, que era realmente grande. Entonces no había la avenida ni el Periférico, y atravesando nomás la calle estaba la escuela del Pípila.

Cuando fue la toma de posesión presidencial todavía vivíamos en Guadalupe Inn, en la calle Wagner, y allí estuvimos aún por unos meses más, mientras se acondicionaba la casa de Los Pinos.

Para la toma de posesión no se acostumbraba entonces que las esposas acompañaran al presidente. El General me avisó en un papelito, que todavía lo tengo, que la ceremonia sería a las once e iban a pasar por él a la casa. Los presidentes anteriores habían vestido jacquet para esa ocasión, y el General se mandó hacer uno. Pero ya que lo tuvo días antes y se lo probó, se miró al espejo y dijo: «No, no va conmigo». El día de la ceremonia cogió un traje oscuro, su camisa blanca, y se vistió como él quiso. Ya tiempo después ese jacquet se lo arregló mi hermano Chavo cuando se casó. Y ahí acabó el traje.

Diciembre.
La situación económica del país; los problemas existentes de uno a otro confín de la República; el abandono en que viven numerosos pueblos; la criminal apatía de muchas autoridades y su falta de interés por resolver los problemas fundamentales que planteó la Revolución; la actitud de elementos que diciéndose revolucionarios sostienen un criterio conservador; la falta de comprensión de jefes militares que desconocen la finalidad social de nuestra Revolución; los grandes intereses creados por individuos que actúan en la política nacional; las

El General nunca quiso coche blindado ni otras cosas. Era muy libre, le gustaba bajarse, saludar a las personas, que lo vieran subir y bajar. Como protección, hasta le ofrecieron un chaleco antibalas. Pero él no lo quiso, nunca usó nada y no sé siquiera a dónde fue a parar el chaleco. Recuerdo que anduvo un tiempo rodando por ahí y después ya no supe. ¡Cualquier día se ponía él esas cosas! Nada más no: su camisa y nada más.

La mayor parte del tiempo el General despachaba en Palacio Nacional. Algunos días lo hacía por la tarde en la casa de Los Pinos, donde había una oficina retirada de la casa. Ya desde la calle Wagner, mantenía la costumbre de levantarse muy temprano y salía a caminar o a andar a caballo, regresaba a desayunar y a eso de las ocho y media se iba a Palacio. En la presidencia mantuvo cuanto pudo esta costumbre. Solía salir con gente del Estado Mayor o con el general Ávila Camacho a cabalgar por Chapultepec o por otras partes de los alrededores, como lo que hoy es Polanco, que entonces era campo libre.

concesiones sobre el subsuelo dadas en contra de los intereses del país; y por último los centros de vicio explotados con autorización de funcionarios federales y locales, me hacen comprender que mi labor será ardua, que encontraré fuertes obstáculos oponiéndome a un programa de moralización, de mejoramiento económico de los trabajadores y de reintegración de las reservas del subsuelo. Pero tengo fe en que podré resolver todo esto apoyado en el pueblo y en la confianza que sepa inspirar al país con mis propios actos.

Lázaro Cárdenas,
Apuntes, 1934

Besa a papá por ser primera el 12
de Julio de 1935 —
Casa de Los Pinos.

Cuauhtémoc en Los Pinos

Cuando nos fuimos a Los Pinos, Cuauhtémoc ya tendría unos nueve meses. Llegué como cualquier hijo de vecino a instalarme en una nueva casa. Habíamos pasado un mes en un lado, ocho días en otro, otro mes en otro lado, así que me pareció solamente una casa más. Creo, como fui novia del General tan joven y pasé tantos puestos importantes en la vida de él, que al principio ni cuenta me di bien de ello.

Para entonces, ya había contraído algunas obligaciones. Ya era otra cosa la vida.

Cuauhtémoc hizo los primeros años de escuela, llamaríamos ahora de «sección maternal», en Los Pinos, residencia oficial. En un pequeño cenador del jardín, se adaptaron mesitas y sillas para que la maestra Conchita Velarde le enseñara a él y a sus amiguitos las primeras letras, a jugar, a modelar con plastilina animales y flores y a conocer lo que correspondía a su corta edad. Conchita pasó lo que son el primero y segundo años. A Cuauhtémoc, desde un principio, le gustó mucho la escuela.

Cuauhtémoc llevó la vida normal de un niño que se desarrolla en medio de rostros de personas diferentes. Al fin niño, al cuidado de sus padres, de familiares y amigos. Después de ahí, en 1940, pasó al jardín de niños «Brígida Alfaro», en la Colonia del Valle, poco antes de cumplir los seis años. Al inicio de los cursos, el General lo llevó a él y a José de Jesús Altamirano, que era su amigo desde chiquito de juegos, de pleitos y de todo.

Era el hermano más pequeño de Graciela Altamirano, una chamaca de Guadalajara, de una familia muy buena y numerosa, que me vino a pedir trabajo. Me cayó muy bien y se quedó a trabajar con mi secretaria, Chole

En el kinder de los pinos.

Vázquez Gómez. Como tenía a su hermanito chico, nos platicó y le dije: «Bueno, por qué no lo traes a jugar con Cuauhtémoc». Lo llevó a Los Pinos y fue un niño que se quedó para toda la vida al lado de Cuauhtémoc. Hicieron carrera diferente. Él actualmente es abogado y Cuauhtémoc ingeniero. Sus primeros años los pasaron juntos en dondequiera y siguieron la amistad para siempre.

Cuando el General salió de la Presidencia, nos regresamos a Guadalupe Inn. De entonces recuerdo el día en que Cuauhtémoc, por su cuenta, decidió cambiar de escuela, tenía siete años y asistía a la escuela «Guadalupe Victoria», de la Colonia Guadalupe Inn. En una ocasión nada más no fue a la escuela. Le digo entonces yo al General: «Bueno, ¿no sería conveniente preguntarle al Cuate, que tiene dos días que no va a la escuela y oír por qué no ha ido?». Me responde: «Pues tal vez sus razones tenga, tal vez no haya clases o no haya ido la maestra».

Al cuarto día fui y le pregunté yo a Cuauhtémoc: «Bueno Cuate ¿no vas a ir a la escuela?» Me dijo: «No mami, ya me salí» «¿Pero cómo ya te saliste y no nos platicaste nada?»; «No –dice– pero si papi tiene tiempo que me lleve a otra escuela». Fui y le dije al General lo que decía Cuauhtémoc, que si lo quería llevar a otra escuela, que estaba dispuesto, y dijo: «Sí, dile que se arregle y ahorita lo llevo». El General lo llevó entonces a la escuela «Porfirio Parra» en San Ángel.

Cuando habían pasado quince o veinte días le comenté al General: «¿No sería bueno preguntarle al Cuate por qué se salió de la escuela?» Y me dijo: «No tengo ninguna curiosidad, Chula, por saber por qué se salió. Si tú lo deseas se lo preguntas, pero yo no, sus razones debe de haber tenido para no querer ir a esa escuela». Él quiso que Cuauhtémoc no sintiera presión de ninguna naturaleza y se enseñara a decidir desde chico.

Días después me contó que andaba jugando en el patio a la hora del recreo y un niño lo molestaba continuamente por ser hijo de quien era,

En familia con dos amigos de Cuauhtémoc.

expresándose de mala manera del General. Alguna maestra se enteró de ello y restándole importancia al asunto le dijo a Cuauhtémoc: «Esas son cosas de niños, no hay que tomarlas en serio». Fue por eso que Cuauhtémoc decidió no regresar a esa escuela.

La orquesta de la escuela "Hijos del Ejército".

convivieron con nuestro hijo Cuauhtémoc. Fue una madre para todos ellos. Hicieron sus estudios los primeros años en el interior de nuestra residencia de Los Pinos. Posteriormente los protegió en sus estudios y necesidades y hoy varios de ellos ejercen la profesión que siguieron. Con Alicia, mi hija, ha sido noble y cariñosa. Vivió varios años en nuestra casa hasta su casamiento. Hoy se ven con frecuencia y se tratan mutuamente con afecto. Con Cuauhtémoc se quieren bien.

Lázaro Cárdenas, *Apuntes,* 1967.

Los niños de Morelia

El 7 de junio de 1937 llegaron los niños españoles a México. Sus edades eran diferentes, muy pequeños algunos. Los padres se desprendieron de ellos para alejarlos del peligro de esa cruenta guerra. Se formaron grupos para saber cómo se debía dar ayuda al gobierno para recibirlos desde su llegada a Veracruz. Encabezó esta idea la señora María de los Ángeles de Chávez Orozco, esposa del licenciado Luis Chávez Orozco. Fue muy activa. Personalmente se trasladó a Veracruz con otras personas para estar a la llegada del barco. Yo estuve en México con el comité de recepción, en la estación del ferrocarril. Los niños y el personal que los acompañaba, estuvieron, me parece, sólo unas horas en la ciudad y tuvimos la oportunidad de verlos y saludarlos a todos y al día siguiente se trasladaron a Michoacán.

Fuimos a visitarlos a la escuela que le llamaban de artes y oficios en Morelia. Desde que el General había sido gobernador del Estado, le tenía mucho cariño a esa escuela, y pensó que estarían mejor en provincia que quedándose en la capital. Había un profesorado de confianza. Después se llamó escuela «España-México».

Su primer director fue el profesor Roberto Reyes Pérez. El principio no fue del todo bien, pues algunos de los muchachos estaban acostumbrados a no tener disciplina, menos aún a ser internos. Hubo chamacos que se escaparon. La mayoría regresó. En fin, hubo de todo, al fin niños y jovencitos.

El profesor Reyes Pérez les ofreció, y cumplió, que según su buena conducta, los traería a México los fines de semana a convivir con los muchachos que vivían en Los Pinos. Fue una manera de verlos más seguido. Se les llevaba a Chapultepec, al cine, al zoológico, a algún museo. Con el tiempo,

1o. de mayo.
La traída a México de los niños españoles huérfanos no fue iniciativa del suscrito.
A orgullo lo tendría si hubiese partido del Ejecutivo esta noble idea.
Fue de un grupo de damas mexicanas que entienden cómo debe hacerse patria y que consideran que el esfuerzo que debería hacer México para aliviar la situación no debería detenerse ante las dificultades que se presentasen.

Lázaro Cárdenas, *Apuntes*, 1937.

algunas señoras se fueron familiarizando con algunos de ellos y los invitaban con sus hijos a sus hogares. Se les conoció como «los niños de Morelia».

Con frecuencia acompañaba al General a visitarlos en Morelia. Siempre había las quejas por la comida, que no les gustaba la «rigidez», según ellos, con que el profesorado los trataba, cosas menores que platicaban. Estando en contacto con ellos se fueron limando y hasta nuestros días la mayor parte siguen unidos. Cada año, el 7 de junio, se festejan con paellas cocinadas por algunos de ellos haciendo competencias, aunque a todos les salen muy bien y abundantes.

Algunos de estos «niños de Morelia» se han casado entre sí y han hecho buenos matrimonios. Acostumbraron a sus hijos a llamar tíos a los mayores y si algún tío encuentra o ve a alguno de esos chicos en lugares o conductas no convenientes, los reprenden como si fueran sus propios hijos. Han formado la «Mutualidad España-México».

Visita del General a la escuela "México-España" en Morelia.

Fiesta de un aniversario de la escuela en Morelia.

Cuauhtémoc y los niños de Los Pinos entregando sus alcancías en el Banco de México.

La expropiación petrolera

Qué puedo decir de la magnitud de la emoción con la expropiación petrolera. Se ha escrito y hablado tanto, hay tantos testimonios de personas que se involucraron en este acto nacional. El General me dijo: «Chula, creo se debe invitar a la mujer a una participación directa y motivarla en este momento en que es urgente la presencia de todos los mexicanos. Hay que hacer labor en las escuelas, en las familias, en fin, en un llamado nacional». Así fue como se convocó a una colecta para pagar la deuda de la expropiación. Era una ayuda más bien simbólica pero ¡cómo fue de hermosa la respuesta!

De inmediato empezamos a tener pláticas y planes previos para llegar a decidir que la colecta se llevaría a cabo en Bellas Artes. Se hicieron gafetes con nuestra enseña nacional, que orgullosas los portábamos todas.

Se invitó a las esposas de todos los funcionarios del gobierno, así como a sindicatos, asociaciones femeninas, amistades, de todo. Todo mundo se apresuró a acondicionar el lugar y a formar grupos para que en turnos, estuviéramos a toda hora recibiendo a las personas que se presentaran. No ha habido una respuesta más bonita que esa. Llegaron con animales, gallinas y borregos, dinero, alhajas, anillos de matrimonio, medallas del bautizo, objetos distintos, miniaturas, de todo. La presencia de la gente fue única. Era muy emocionante, la gente estaba muy motivada, queriendo ayudar no nada más con aquello que estaban llevando, sino que quisieran haber hecho no sé qué para colaborar más. Los niños entregaron sus alcancías. He visto constancias del Banco de México, de niños que al llevar su aportación se les dio un recibo. Cuauhtémoc y sus amigos fueron a entregar los puerquitos que tenían de alcancías.

La colecta en Bellas Artes.

Fueron días de mucha actividad y grandes satisfacciones. La generosidad y calidad de la gente expresadas en todas las formas, que así respondieron a este acto que marcó para siempre nuestra soberanía económica.

La noche del 18 de marzo, entre las once y doce de la noche, me pidió el General que despertara a Cuauhtémoc y lo bajara a su despacho para tomar una fotografía. Aún medio dormido y recargado sobre el mueble, aparece con su papá, conmigo y algunos de los taquígrafos y ayudantes.

Pienso que al General le dolería cualquier reforma por pequeña que ésta sea, que desvíe el noble fin con que decidió la expropiación petrolera. En esta ardua tarea puso su gran talento y el ansia general del pueblo.

La colecta con motivo de la expropiación.

A los veinticinco años de la expropiación petrolera, los amigos del General quisieron hacerle un obsequio, que consistía en un coche y una camioneta. Al enterarse, le dijo a Pedro Ledezma, que fue quien encabezó la idea: «Regálenme algo que yo pueda llevar a la gente». Se pensó primero en material de construcción, en ayuda a alguna escuela, hacer algún kínder, en fin, hay tanto que se puede llevar. Pero por esos días, con la ayuda de mis cuñados, se había instalado el primer costurero en Jiquilpan y de ahí nació la decisión de regalarle máquinas de coser. Lo que se había recaudado para los coches terminó en 350 máquinas de coser.

Éstas fueron regaladas en escuelas y sobre todo fueron instaladas para que las personas de escasos recursos, con deseos de aprender a coser, tuvieran esa oportunidad. Ya que terminaban las clases en las escuelas, por las tardes, podían las madres ir a tomar clase de corte y así tenían la facilidad de confeccionar su ropa. Algunas quedaron por Jiquilpan, otras fueron a distintos lugares y las últimas se entregaron en la Mixteca.

Actos de verdadero patriotismo palpamos, con Amalia, en el corazón de la humilde familia mexicana. En este aniversario, el recuerdo que se haga en el país, por el acto expropiatorio, lo dedico a ella y a las mujeres que revelaron su patriotismo ante el conflicto con el extranjero (23 horas).

Lázaro Cárdenas, *Apuntes*, 1968.

Casa de la Cultura donada por el General en Silacayoapan.

La expropiación petrolera.

La colecta.

IV

Cuando salió de la presidencia, las obreras de la COVE le pusieron una banda de papel, diciéndole: "usted seguirá siendo siempre nuestro presidente".

Apuntes para Cuauhtémoc
(1940-1941)

1

Los últimos días de trabajo de tu papá en la presidencia se veía la casa con más visitantes que de costumbre, los colaboradores y amigos estaban ahí con más frecuencia. Él tranquilo y trabajando como desde el primer día. Tuvimos varias comidas de despedida y un baile que se dio en el Casino Militar, con todas las señoras mis amigas. En dondequiera y en todas las caras se veía la tristeza de los que quisieron y colaboraron sinceramente al lado del amigo que era el presidente. Así llegó el último día de gobierno, es decir, el día en que tu papá debería entregar el mando del gobierno al nuevo presidente. Tú aún estabas chico y no sabías apreciar esas emociones. Más tarde lo harías y este es el sentimiento de una madre para que lo interprete el hijo. Estuve en la Cámara de Diputados el día en que tu papá salió airoso entre aplausos que ensordecían. Llegué media hora antes que él. Me acompañaba la señora del embajador de México en Cuba, Mariana de Romero, la señora de García Téllez, esposa del secretario de Gobernación, la señora de Buenrostro, esposa del ministro de Economía, Alicia tu hermana, y otras personas de la casa.

Se presentó tu papá en el recinto parlamentario ciñendo la banda tricolor, emblema de su representación. Lo acompañaban amigos y la comisión nombrada por el Congreso, siempre en alto su frente, revelando el espíritu sano, la bondad e inteligencia que indicara su cuerpo y alma. Prorrumpieron en un aplauso los asistentes ahí reunidos. Fue un momento conmovedor, pues era el último día en que entraba al recinto como Presidente de la República Mexicana. Su presencia, su figura, se impuso, y en varias caras vimos lágrimas. Sabían que dejaba el gobierno un hombre

Una de las fiestas de despedida al General.

que trabajó día y noche en bien de la colectividad mexicana. Tu papá dio al país lo que en cien años otros mandatarios no pudieron o no quisieron dar.

Salimos de la Cámara rumbo a Los Pinos, tu papá rodeado de amigos, aplausos y gritos de emoción. El sucesor de tu papá fue el general Manuel Ávila Camacho. Colaboró siempre a las órdenes de tu papá desde que andaban en campaña. Figuró como subsecretario de Guerra y Marina al tomar posesión del gobierno tu papá. Más tarde, a la muerte del general Andrés Figueroa, que era el secretario, se quedó el general Ávila Camacho al frente de dicha Secretaría. Así pues, verás que el actual presidente es amigo personal de tu papá.

El general Ávila Camacho después de protestar cumplir lo que manda la Constitución, recibió de manos de tu papá la banda tricolor. Fue emocionante y puedo asegurarte que uno y otro también estaban contagiados del nerviosismo que reinaba en esos momentos. Ya sentado tu papá, y el general Ávila Camacho de pie, dio lectura a un programa de trabajo que él creé y nosotros esperamos sea de prosperidad para el país.

No quiso el general Ávila Camacho dejar de elogiar la obra de seis años de tu padre y tuvo la atención de descubrirse públicamente ante su superior hasta momentos antes. Al dirigirse al amigo, no pudo, mi hijito, y quedó unos segundos serenándose porque la emoción y el llanto lo ahogaban. Todos reconocimos la lealtad del nuevo presidente, que al sentarse después de leer su programa, no pudo más que limpiar sus ojos que se anegaban en lágrimas. (Al correr de los años veremos cuántas clases de lágrimas tenemos nosotros los humanos).

Llegamos a la casa, primero el automóvil en que yo iba y momentos más tarde llegó tu papá con una fila interminable de coches de amigos y excolaboradores. Al verlo salí a abrazarlo y sólo por ser su esposa no pude decirle toda la admiración que como mujer y como mexicana encerraba mi espíritu. La satisfacción de verlo salir en medio del dolor y el entusiasmo de gentes que lo

Con kikapoos y con el escritor Tannenbaum.

estimaban y admiraban me tenía oprimida el alma. Quería gritar y la posición me lo prohibía. Quería llorar y un prejuicio me detenía. Pasé así tiempo, en medio de amigas que platicaban en voz baja y de amigos que lloraban hondamente a su jefe. En ese momento no soportaba ver caras tristes y ojos enrojecidos por el llanto. Aquel era un día de luto, de pena, y tu papá fuerte y sereno abrazaba a todo aquel que se acercaba a felicitarlo y desearle éxito en el futuro.

Una semana más en México, recibiendo desde las primeras horas a todos los que deseaban despedirse personalmente del expresidente que sembró verdaderos afectos, que nunca dejó de ser amigo de los que antes conoció, el gobernante cariñoso de todo su pueblo.

Pensaba dejar México desde luego, pero no hubiese podido, pues las rejas de la casa como el primer día de gobierno, se encontraban llenas de solicitantes.

Salimos para Cuernavaca el día 10 del mismo mes de diciembre. Agustín Arroyo Ch. y su familia nos acompañaron hasta Palmira y por la tarde regresaron a México. En la despedida de Los Pinos sabíamos que ya no regresaríamos a la casa, pero nada dijimos a la servidumbre. Estuvimos cuatro días en Palmira, no faltando diariamente las visitas. Salimos para Acapulco el 14, con intención de pasar tres días, pero desde la llegada a Chilpancingo el gobernador, general Berber, y su señora nos esperaban en el camino. Saludamos a todas las personas que llegaron a vernos y seguimos hasta Acapulco alojándonos en la casa del general Eduardo Hay. Ahí permanecimos como cinco días en que las comisiones de campesinos no escasearon ni el saludo diario de las autoridades y gente del puerto. Y volvimos a Palmira.

El 27 de diciembre salimos de Palmira a México con honda tristeza, pues tu papá la entregó para que pusieran ahí una escuela de agricultura atendida por el doctor Parrés. Queda Palmira en muy buenas condiciones y de seguro en otras manos puede sostener a toda la gente que allí viva. Con tu papá de administrador económicamente no progresa, porque todo

En Jiquilpan: la tarea de Cuauhtémoc.

visitante ejidatario que admira un animal o un potrillo, se lo da inmediatamente. Les repartió parcelas a los trabajadores más antiguos. El primer cuidado fue dejarles a todas esas gentes un patrimonio para sus familiares, satisfacción muy justa de tu papá ya que si él pudiera remediar la miseria de toda la gente del campo, lo haría encantado, ya que esa fue una de sus preocupaciones durante su gobierno.

2

1941

Para estar el 1o. del año en su tierra natal, Jiquilpan, salimos de México el 30 de diciembre de 1940 a Pátzcuaro, y llegamos para una fiesta que se le dio en el estadio de Jiquilpan. Todo era alegría de sus paisanos y creo que fueron sinceros, ya que durante el gobierno de Michoacán y después en la Presidencia los ayudó y cambió totalmente el aspecto de su pueblo. Ahí habló a nombre del pueblo de Jiquilpan el licenciado Cano. Abarcó los problemas sobresalientes que el General resolvió en bien de la economía nacional y pidió al General colaborar con su inteligencia y experiencia en el nuevo periodo. Pero el General desde hacía tiempo había resuelto, de manera definitiva, no intervenir más en el terreno oficial.

Duramos un mes en Jiquilpan y contadas veces estuvo a la mesa con nosotros, pues invitaciones de campesinos, que nunca son desechadas, nos privaban del gusto de estar con él mayor tiempo. Debo confesarte que guardaba yo una ilusión cuando pensaba que en 1941 ya se dedicaría a la casa y estaríamos con él en la intimidad del hogar más tiempo, unas cuantas horas más. Pero pasaron dos meses y medio y era igual, tenía muchos amigos y no podía desairarlos.

Fuimos también a Tacámbaro unos cuantos días y los pasamos encantados entre la familia y viejos conocidos.

Con la Liga de Comunidades Agrarias en La Laguna.

3

5 de febrero de 1941

Ahora estamos en «Galeana», aunque no perdimos la costumbre de llamarla «California». Esta hacienda la adquirió tu papá por un recuerdo de cuando él se inició en la Revolución y empezó a hacer «pininos» por esta zona de Tierra Caliente. La había visitado en esa época de su juventud azarosa y cuando pudo no quiso perder la oportunidad de adquirir el objeto de sus recuerdos mozos, primero compró una parte y poco a poco se quedó con lo que era San Antonio.

Cuando el General dejó el gobierno de Michoacán en 1932, pasamos aquí ocho días al principio de nuestro matrimonio. Nos casamos en septiembre 25 de 1932 y después de estar unos días en la Quinta Eréndira, vinimos para que yo conociera «California», desde entonces me gustó muchísimo y me interesó el sistema de trabajo que era nuevo para mí. Me di cuenta que los trabajadores tenían gratis casa en donde vivir, leche sin costo alguno para ellos y no tenían capataz, cada uno trabaja hasta donde sus fuerzas y voluntad se los permite en este clima.

Dejamos el estado de Michoacán a fines de noviembre de 1932, en que el general Abelardo Rodríguez nombró a tu papá Jefe de la Zona en el Estado de Puebla. Se quedó al frente de «California» Guillermo Girón, con la comisión de ver el número mayor de muchachos que alcanzara parcelas, se midió, se contaron los que serían ejidatarios y se les dio desde luego, para mejorar las condiciones de vida en el lugar. Todos trabajaban con cariño sus parcelas y casi todos tienen sus regulares casitas, se formó la colonia y está precioso el lugar donde ellos viven. Creemos que unos años más de trabajo y la zona con el auxilio de Salubridad, será fuente de riqueza en el Estado, ya que es región agrícola de primer orden.

Aquí «Galeana» se pondrá preciosa. Hoy se inician las siembras de palma de coco, de limón y sandía y volveremos en junio a ver cómo van las huertas. Contigo, mi hijito, hemos salido a visitar todo el rancho, ya lo conocemos perfectamente, te gusta el caballo, aunque no mi compañía porque te prohíbo que andes nada más corriendo.

16 de febrero de 1941

Regresamos dentro de unos dos días a Pátzcuaro a esperar a papá que se queda para visitar el Carrizal de Arteaga. No deja de ayudar a la gente a resolver sus problemas. Va con el gobernador y otras personas. Regresamos por carretera, ya que el vagoncito en el que vinimos está muy incómodo. La vía es de gran utilidad para esta parte de la Tierra Caliente, en este trazo se encuentra el puente majestuoso llamado «El Marqués», tiene una altura atrayente de 116 metros, con un largo de 300 metros y el arco que es algo impresionante, ya que parece que se sostiene sin grandes amarres, mide 150 metros. Hacía tiempo tu papá había deseado que el ferrocarril llegara hasta Zihuatanejo, costa del Pacífico, y en su gobierno se iniciaron los trabajos y está por concluirse totalmente, ya pasan máquinas chicas hasta Apatzingán.

De las líneas de ferrocarril más importantes que se iniciaron en 1935 fueron las del sureste y la que atraviesa el Desierto de Altar en el Estado de Sonora. Están por terminarse en este año o en el entrante 1942.

La línea del sureste beneficiaría una zona importantísima como es la chiclera en Quintana Roo, que produce el 85% de la producción de todo el mundo, además la de Campeche y Chiapas, la henequenera de Yucatán.

La línea del desierto principia en Puerto Peñasco para unir Mexicali y Santa Ana. Siempre Mexicali había estado incomunicado prácticamente, pues solamente la compañía americana de aviones tenía servicio. Ahora el tren será de utilidad para todas las clases sociales.

4

29 de julio de 1941

Hemos pasado ya siete meses por el estado de Michoacán. Hace tres meses fuimos a México y nuevamente iremos en estos días.

No te imaginas con qué entusiasmo empezó tu papá hace escasamente dos meses la reforestación de los cerros de Jiquilpan. El Estado contribuyó mandando árboles de los viveros que la Secretaría de Comunicaciones tiene establecidos en algunos puntos de Michoacán.

No menos de unos 25 000 árboles han sido plantados. Yo te guardaré fotografías para que veas el esfuerzo y el cariño con que tu papá va formando esos montes, que cuando seas grande serán verdaderas riquezas para la región. Los diferentes sectores de la población van siendo llamados para que contribuyan con un día de trabajo; las escuelas, los niños, no han sido indiferentes a estos trabajos, también les tocó una día de plantar cada uno un arbolito. ¡Imagínate qué satisfacción para ellos cuando vean su pequeño arbolito que ya les da sombra!

También, cuanto visitante ha pasado por Jiquilpan, ya sea con el único objeto de saludar a tu papá, o bien turistas que desean conocer de cerca las actividades a que está él dedicado después de haber terminado su periodo de gobierno, también con gusto han subido la loma que lleva hasta el monumento a Juárez y han dejado un recuerdo de su paso por la población... han puesto en la cepa, uno, dos, tres arbustitos...

5

Apreciación

Los ataques que han venido por conducto de la prensa, en nada perjudican la personalidad del General. La reacción, los políticos, bailarían de alegría el día que el General tomara una actitud hostil hacia el actual

gobierno. En nada llegan a apenar al General, ya que por amigos y enemigos ha sido vista y juzgada su actuación al frente del gobierno.

El General no ha resentido el dejar puesto político. Su inteligencia, su dinamismo, lo alejan de todo deseo continuista.

El trabajo lo distrae y no tiene tiempo ni para leer, que es una de sus pasiones.

El General bien hubiese podido permanecer en México, su delicadeza hacia quien le sucede hizo que emprendiera esta gira de verdadero trabajo y satisfacciones propias.

El General no permitirá nunca que hombres acostumbrados al halago vengan a envenenar su espíritu. Nunca ha escuchado opiniones o consejos que a su criterio son malsanos. No anda huyendo. Quiere con su alejamiento del centro que la gente vea en él un hombre de trabajo más, alejado de toda la esfera oficial.

Al General le dolería cualquier reforma por pequeña que ésta sea, que desvíe el noble fin con que decidió la expropiación petrolera. En esta ardua tarea puso su gran talento y el ansia general del pueblo. Así pues, no permitirá como mexicano, que sufra un cambio la economía nacional.

¿Es mucho más difícil ser expresidente que ser presidente?

Se conocieron tan a fondo los problemas de México, se trabajó con tanto entusiasmo en cada uno de estos problemas nacionales, que es verdaderamente fuerte la consistencia moral del hombre que renuncia a saber o interesarse por cada disposición del actual mandatario.

El General está muy por encima de la crítica y trabaja tranquilamente en todas partes a donde hemos llegado. Sigue ayudando en las necesidades colectivas y ahora, más desahogado, desea poder ayudar a los pobres y resolver sus problemas de tierras y agua.

Viajes y personajes

El General Cárdenas reservaba casi siempre los fines de semana para descansar. No quería que le cambiaran esta costumbre. Ni siquiera el fin de semana después de la expropiación del petróleo dejó de salir de día de campo. Nos fuimos al Nevado de Toluca. Y ese día no quiso que nadie le hablara nada de política ni de los acontecimientos de la semana. Fuimos en familia, a caminar y descansar.

Durante la presidencia los fines de semana nos íbamos a Palmira, en las afueras de Cuernavaca. Ahí en esos seis años poco a poco se fue haciendo la casa. Primero se hizo un cenador, un vestidor y una alberca. Así se podía llegar, comer, bañarse, y después se hizo la casa. Él disfrutaba las albercas y le gustaba mucho nada. Nadar, caminar y ver los árboles. Dondequiera llegaba, lo primero que hacía, antes que una casa, era huertas, de frutales o de lo que fuera.

Había también facilidad para salir por la ciudad. Pero el general recibía a toda hora y en cualquier momento. Si lo paraban por la calle, se paraba, tanto en el coche como a caballo o como fuera. Para él era lo mismo: si la gente se le atravesaba y le decía «un momentito», se paraba y los atendía. Entonces se podía pasear por la ciudad, pero no se podía evitar que siempre hubiera gente hablándole al General.

También salíamos a menudo por las afueras de la ciudad, a Xochimilco, a Texcoco, al Nevado u otras partes. Llevábamos nuestro lonche y nos parábamos en cualquier lugar a comer. Los domingos en la mañana, por ejemplo, nos íbamos a Xochimilco. Le fascinaba embarcarse, que le tocaran marimba mientras iba viendo las flores. Solíamos ir con el general Rafael Cházaro Pérez, que era muy amigo suyo y vivía allí cerca de nosotros, en Guadalupe Inn.

Con el Dr. Atl (Gerardo Murillo).

Rafael Cházaro, por cierto, fue uno de sus más grandes amigos. Era dos o tres años menor que el General, alto, de ojos verdes, bien parecido. Era yucateco y había andado con el General en Jalisco y en la Huasteca, entre 1925 y 1927, y también en la Secretaría de Guerra en 1933. Vivía con su familia en Guadalupe Inn, cerca de nuestro domicilio, y nos veíamos con frecuencia. En 1935 residió en Mérida, como jefe de la zona militar de Yucatán, Campeche y Quintana Roo. Desde allí apoyó la política del General y ayudó mucho a los campesinos de la región, que eran muy explotados.

A fines de 1935 se hizo cargo de la Dirección de Educación Militar y allí quiso enseñarse a volar. El General Cárdenas se lo tenía prohibido, pero Cházaro no le hizo caso y en uno de esos vuelos de práctica, en enero de 1936, se estrelló con su avión. El General sintió muchísimo su muerte. Estaban muy cerca uno del otro, tanto por su larga amistad como por ideología. Cházaro se identificaba con la política del General. Años después éste nos comentaba que, si no hubiera fallecido, tal vez el general Rafael Cházaro podía haber llegado a ser presidente de México. En cuanto a sus ideas, el General estaba más cerca de Cházaro que del general Ávila Camacho.

Pero con éste también lo unía una vieja amistad. El general Manuel Ávila Camacho, lo mismo que su hermano Rafael, habían andado desde muy jóvenes en el regimiento del General. Según su esposa Chole, cuando el General se iba a casar conmigo, le escribió al general Ávila Camacho, que estaba entonces en Tabasco, para que se viniera a Tacámbaro a la boda. Pero allá había muchos problemas con el gobierno de Tomás Garrido Canabal y no pudo viajar. La amistad con el general Ávila Camacho, pues, venía desde mucho antes de que nosotros nos casáramos.

Por cierto, cuando el general Ávila Camacho fue presidente hubo un atentado contra su vida y el general Cárdenas intervino después en un episodio poco conocido. El general Ávila Camacho llegaba a Palacio cuan-

(...) En cuanto andaba solo algún miembro del Consejo Comunal o del Centro de Defensa, salían grupos que lo perseguían y apedreaban. Hubo varios asesinatos. Desaparecían misteriosamente hombres cuyos cadáveres se encontraban luego medios podridos en alguna cueva. La lucha era feroz.(...) Para protegerme de algún modo, hice que en una de nuestras asamblea se invitara a Cházaro Pérez a hacernos una visita. (...) Reunidos mis

Con el general Ávila Camacho.

do, al abrir la portezuela del carro uno de los ayudantes, se le vino encima otro que lo quiso asesinar allí mismo, en el patio. Lograron contenerlo, lo golpearon bastante y lo llevaron al hospital militar.

Entonces el general Cárdenas quiso en esos días ir a verlo y que él le platicara por qué había hecho eso. Fue por su cuenta, como cosa suya. No creo que haya pedido permiso al presidente ni a nadie.

Este hombre tenía guardia adentro mismo de su cuarto. Cuando llegó el General, le dijo al guardia que quería hablar a solas con el prisionero. El guardia le respondió que no se permitía, pero el General insistió y le ordenó que se saliera. Se salió el guardia, el General cerró la puerta con llave y se quedó con el preso.

No sé qué pasó entre ellos, pero después se dijo que esta persona había tratado mal al General. Cuando se lo comenté, el General me dijo: «Pues fue todo lo contrario. Estuve platicando con él y lo único que me dijo ese muchacho fue que si en esta ocasión no había acertado, vería la forma de volverlo a intentar».

Otro de los paseos favoritos del General era ir a las aguas termales. Sobre todo después de la presidencia, íbamos seguido a Los Azufres. Queda cerca de San José Purúa. Son las mismas aguas, pero Los Azufres era más natural. No había carreteras, no había nada, y daba mucho trabajo llegar allá. El camino era muy malo y buena parte, para poder subir, íbamos en jeep hasta un pueblito que se llama San Pedro. Cerca de las fuentes había unas cabañas de madera, de un señor De la Peña. Ahí llegábamos. El lugar se llamaba Los Ajolotes. Era una agua preciosa, tibia, pero en las cabañas entraba el aire por dondequiera. Era frío con ganas.

Después, con el tiempo, el General se hizo de una propiedad chiquita en Los Azufres, al pie de un cerro, que se llama Caríndaro. Tiene dos manantiales chicos, para una alberca chiquita que allí tenemos, de agua tibia muy bonita.

campesinos, oyeron de labios del Comandante de la Zona cuál era la obra de redención que intentaba el Presidente de la República y cómo contribuíamos a ella los maestros rurales. (...) Los conmovió fuera de sí la extraña satisfacción, el raro goce de oír hablar de aquel modo para bien suyo. Aclamaban a Cházaro Pérez, lo rodeaban, lo estrujaban de contento.

Apuntes de un maestro rural en Yucatán, 1935.

Con Nicolás Guillén.

El General pensaba que esas aguas de la zona se podían aprovechar con la geotérmica y muchas veces llevó al licenciado Martínez Domínguez a visitar toda esa zona. A esta fecha hay allí plantas geotérmicas trabajando. Yo ya he visitado dos de esas pequeñas plantas

Luego el General se metía en una laguna de Los Azufres. Era agua con gas carbónico, muy peligroso. Él se metía solo y si alguien lo quería seguir, lo regresaba. Pero él se la atravesaba. No todo mundo aguanta. Una prima mía una vez se desmayó, y lo mismo pasó con Efraín Buenrostro y con otros amigos. Pero al General le gustaba. En otra ocasión, en otro balneario que se llama San Lorenzo, él mismo se vio bastante apurado para salir.

Entre los muy buenos amigos del General estaba Natalio Vázquez Pallares, una persona que le sirvió mucho. Íbamos a verlos a él y a su esposa Conchita Gallardo a su casa, aquí en la ciudad, donde todavía vive Xóchitl, su hija. El General tuvo también una estimación parecida por Rafael Galván. A veces íbamos a comer con él en Curundeo, Michoacán, en un restorancito que había frente a la propiedad de Rafael. Y otro gran amigo fue Francisco Martínez de la Vega, que estaba muy cercano a Rafael y a Natalio. Paco entraba en nuestra casa con mucha confianza y a menudo el General se iba a tomar un café a su casa, allá con su señora Conchita y las tres chicas. Fue mayor la relación después que él se vino de San Luis Potosí, cuando ya no era gobernador. Paco publicaba en *El Día* una sección que se llamaba *En la esquina* y siempre nos enviaba los recortes.

Cuando el General ya no estuvo, mantuvimos la relación con todos ellos. En una ocasión fuimos a Quechehueca, Sonora, con Natalio, con el embajador de Cuba, López Muiño y su señora, y con César Buenrostro. Nos había invitado un líder campesino de Quechehueca, cuando era gobernador Alejandro Carrillo Marcor. Visitamos a los yaquis, estuvimos con los principales y nos obsequiaron bailes y comidas.

Con Nelson Rockefeller en Jiquilpan.

Era muy grande el recuerdo que allá tenían del General. Contaron cómo les había dado las tierras, todo lo que después habían pasado, los problemas con el agua, la pobreza, la falta de recursos. Natalio les respondió con un saludo y se emocionó muchísimo. Después López Muiño, al ver aquel desbordamiento de entusiasmo y de cariño que tenían al recuerdo del General, les dijo que él se sentía obligado a hablarles del general Cárdenas. Y realmente les habló muy bonito. Les relató el recuerdo que tenían como cubanos de lo que por ellos había hecho el General y su deseo de ir a Bahía de Cochinos. Así estuvimos varios días recorriendo esa zona de Sonora.

El General conoció también al general Batista cuando éste era presidente. En una ocasión vino a México y el general Cárdenas lo llevó a Jiquilpan a que conociera su tierra. Tocó que era domingo y el General lo invitó a la plaza, pues el paseo de Jiquilpan era una cosa muy típica.

El paseo de los domingos por la noche todavía se acostumbra en los pueblos. Pero antes se acostumbraba que, carnaval o no carnaval, fiestas o no fiestas, todos los domingos se daba la vuelta, los muchachos para un lado, las muchachas para el otro, y se ofrecían flores y se lanzaban serpentinas.

Las serpentinas representaban algo según los colores: el blanco, el verde, el rojo. Si una muchacha le gustaba a un muchacho y si por ejemplo la serpentina era roja quería decir : «ya eres mi novia». El paseo empezaba a las seis de la tarde y terminaba a las nueve de la noche. Después de esa hora ya no se encuentra a nadie, todo mundo se ha ido a sus casas a cenar y a dormir.

A eso de las nueve de la noche, ya para terminar la fiesta, siempre salía un muchacho con un torito arriba lleno de cohetes, como los que ahora se acostumbra en carnaval, pero allá era todos los domingos.

Ese domingo andaba el General dando la vuelta con Batista y los ayudantes de Batista que lo seguían. Cuando empezó el torito, quién sabe qué se haya imaginado el presidente Batista, pero se asustó. Se echó una

Con el general Jara –a la izquierda– en
las Jornadas Iberoamericanas por la Paz.

carrera y se metió debajo de una banca. Y el General tuvo que decirle: «No, no, aquí no ha pasado nada. Aquí es una costumbre que al terminar el paseo de la plaza, salga el torito para despedir a la gente y que se vayan a sus casas». Entonces Batista ya salió y se fueron a la casa.

De los tiempos de la presidencia entre los más grandes amigos del General, además del general Múgica, estuvieron el licenciado Ignacio García Téllez y el general Heriberto Jara. Recuerdo una vez haberle oído decir, mucho tiempo después: «El día que falte García Téllez se acabó la Revolución». Jara y García Téllez venían con frecuencia a Cuernavaca. Este último era alegre y le gustaba bailar. Sus hijos resultaron distintos. Recuerdo que el día que su hija salió a encabezar una manifestación contra el libro de texto gratuito, García Téllez lloró. El General platicaba con él sin reservas, lo que se dice de todo. Lo mismo con el general Jara, de quien siempre decía que era su hermano.

Su otra amistad de gran confianza era el general Múgica. De éste sí tengo un recuerdo de infancia. Él era diez años mayor que el General y en 1920 era gobernador de Michoacán. Yo era entonces muy niña y en la escuela nos dijeron que fuéramos muy limpiecitas, pues nos visitaría el señor gobernador. Cuando avisé esta recomendación en mi casa, mi papá dijo: «Pues ustedes no van mañana a la escuela. Es un gobernador rojillo, y no van».

La huerta de mi casa colindaba con el Hotel Juárez, que era el mejor por entonces. Allí se alojaría el gobernador. Claro, lo de «rojillo» nos despertó gran curiosidad. Pensamos nosotras que era una persona de color rojo y no asomamos a la barda que separaba nuestra huerta del hotel para verlo entrar. Me pareció que era un hombre alto, pero en cuanto al color resultó completamente normal.

Cuando me casé, vi en La Eréndira una foto del general Cárdenas y el general Múgica. Le pregunté al General quién era ese señor y se extrañó: «¿No lo conoces? Es el general Múgica, muy amigo mío». «Pues yo lo creía más alto»

En China con el ministro de Cultura.

–le contesté– «cuando lo vi desde la barda de mi casa». Es cierto que yo era muy niña y así tenía que parecerme el gobernador.

Cuando salíamos todos al campo, Múgica era muy platicador, se reía todo el tiempo y echaba muchos cuentos.

En su despacho, el General tenía entre otros el retrato del doctor Ignacio Chávez, que fue rector de la UNAM y cardiólogo famoso. Algunos domingos nos íbamos a comer a casa del doctor, en Reforma. Ahí se reunían el doctor Montaño, que estuvo en el Movimiento de Liberación Nacional, el doctor Manuel Martínez Báez, el general Múgica, el doctor Baz, el doctor Zubirán. Al doctor Chávez le gustaba hacer sus comidas de amigos los domingos. Le platicaba mucho al General sobre China –al General le gustaba que le hablaran de China–, cómo eran los cultivos, cómo trabajaban el campo, cómo trataban a los niños en las escuelas.

Los Chávez eran michoacanos y guerrerenses. Cuando se trazaron los límites entre ambos estados, parece que ellos quedaron del lado de Guerrero, entonces el papá se vino para Michoacán, en la región de Tierra Caliente. A la familia yo la conocí en Tacámbaro, porque allá vivieron. Posiblemente entonces el doctor ya debió de haber estado en México, estudiando, porque allá no lo conocí. Salvador Chávez estaba casado con una señora de Tacámbaro, Guadalupe Farías.

Yo tengo el recuerdo de que en el pueblo decían que ellos eran «rojillos» y una vez el pueblo mismo casi casi los corrió de allá y tuvieron que salir de madrugada, a caballo, mientras el pueblo con campanas y todo festejaba con alegría la salida de Tacámbaro de esa familia. Creo que esto fue cuando el general Múgica, que era muy amigo de ellos, era gobernador de Michoacán. Y después, lo que es la vida, allá a los Chávez los quisieron mucho.

Tuvimos también relación con muchos artistas, y entre ellos por supuesto José Clemente Orozco y Diego Rivera. Orozco estuvo trabajando en

El viaje por Europa.

Jiquilpan, pintando sus murales en la biblioteca, que antes era un templo chiquito, en el centro de Jiquilpan. En ese tiempo se alojó en nuestra casa, pues entonces no había hoteles. El pueblo estuvo muy conforme con la transformación del templo en biblioteca, pues al cabo que ya tenía su iglesia grande, mientras no tenía biblioteca y esta iglesia era muy pequeña.

Luego el General le encargó hacer el Gandhi que está todavía en el despacho del General, detrás de lo que era su escritorio de trabajo. Al encargarlo le había dado una idea de lo que quería: un Gandhi frente a su pueblo desgarrado, pobre, hambriento, y la Corona inglesa contra ese pueblo subyugado como era la India. En la pintura se ven cadáveres, los cañones apuntando a la gente y la figura de Gandhi con cadenas y la Corona británica sobre los cañones.

El General conocía más a Diego Rivera que a Orozco. Tenía en su despacho también una pintura de Rivera, un retrato de Ricardo Flores Magón con gesto de orador y con fondo rojo. Está junto al Gandhi de Orozco, formando ángulo.

Recuerdo dos ocasiones en que fuimos a cenar con Diego y su esposa, Emma Hurtado. Ella era una persona muy conocida en Michoacán, porque era de los Hurtado de Uruapan y de ahí viene la relación. Por eso hubo más acercamiento con Diego, ya que éramos paisanos con su esposa. En una de esas ocasiones sirvieron pozole. Trajeron una sopera a la mesa y yo pensé que de ahí nos íban a dar a todos. Pero a nosotros nos llevaron servido el plato y a Diego le dejaron la sopera. Creo que para no tener que servirle nuevamente en el plato mejor le dieron desde un principio suficiente en una sopera que tendría unos tres platos. Y de esa sopera comió.

Diego y el General eran amigos desde hacía tiempo y platicaban de todo con mucha confianza. Por cierto, con Tata Nacho era lo mismo. Diego le platicaba al General de sus viajes y de todo lo que había visto. En esas cenas, por ejemplo, nos contaba su último viaje a la Unión Soviética. Él tenía una simpatía desbordada por los soviéticos.

En Polonia, en la escuela "Benito Juárez".

Al General mucha gente lo trataba de usted, pero Diego lo trataba de tú. En cambio, con el general Múgica, el licenciado García Téllez o el general Jara, siempre se hablaron de usted. Con Efraín Buenrostro y con Silvestre Guerrero se hablaban de tú, seguro porque se habían conocido desde antes. Pero con Efraín ocurría algo curioso, porque trataba al General de tú en privado y de usted en público.

Después de una gestión de Diego Rivera, el General le dio asilo en México a León Trotsky y se lo dio con mucho gusto. Pero nunca tuvo la oportunidad de conocerlo personalmente. El General pensaba que a él le faltaban pocos años para terminar su periodo y que, terminado, tendrían oportunidad de tratarse. Pensaba invitar a Trotsky a que, si no quería quedarse en la capital, se fuera a radicar a algún lugar del estado de Michoacán. Allí tal vez hasta tendría oportunidad de atenderlo. Pero ya vimos lo que sucedió después y se perdió la oportunidad de que se conocieran.

Cuando faltó Trotsky, fuimos con el General a visitar a Natalia a la casa de Coyoacán. Después, fuera de la presidencia y con un poco más de tiempo, pude ir a visitarla ya como mujer, para que ella también sintiera que tenía conocidos aquí en México. La seguí visitando y nos hicimos más amigas. Me recibía con mucha ternura. En su casa había una enredadera con unas flores azules. Cuando veía que iba yo llegando cortaba dos o tres flores y me las metía entre el pelo. Natalia era bajita, güerita de ojos claros, bonita de facciones, muy amistosa y cariñosa.

En enero de 1948 fuimos a Coahuila a visitar a los kikapoos, que viven a orillas del río Nacimiento en el municipio de Múzquiz. Son cazadores, muy buenos jinetes, no beben y respetan la vida ajena. Llevamos con nosotros a Cuauhtémoc y a Esteban Volkov, el nieto de Trotsky. Iban también el licenciado Raúl Castellanos y su esposa.

Esteban era ya adolescente. El General quería llevarlo para que conocie-

En el nevado de Toluca.

ra México y también para tener una mayor convivencia con él. De regreso, el General quiso que nos detuviéramos en la estación Baján, junto a la hacienda del mismo nombre donde apresaron al señor Hidalgo. Hacía un aire frío y mucho viento. Pero el General quería que Esteban conociera esos lugares mexicanos y quiso que se tomaran una fotografía con Cuauhtémoc junto al árbol que allí está. Recuerdo que el General les recomendó mucho a los ayudantes y otras personas que iban con nosotros que no fueran a decir de quien era nieto Esteban, para protegerlo. Era Esteban, y ya.

El primer año nuevo que fue candidato el General –esto era el año de 1933–, nos fuimos a recibir el año de 1934 en Tepito. Recuerdo que nos llevó el chofer Adolfo Martínez. Yo me quedé en el coche y le puse todos los seguros, mientras ellos regresaban. Se fueron a uno de los puestos, donde había puros borrachitos que querían que bebiera de todo lo que traían. Él los acompañaba con un sorbito, para no despreciar, y dejaba que ellos siguieran.

A la medianoche empezaron a sonar los postes eléctricos, que eran de metal y les hacían sonar los balazos, porque así festejaban el año nuevo, en plena balacera.

Ahí fue cuando los del barrio le pidieron una escuela. El General los escuchó. La escuela de Tepito fue la primera que hizo cuando fue presidente.

En el Nevado con Soledad Vázquez Gómez.

Celeste y Cuauhtémoc.

Cuba

En abril de 1961 se produjo la invasión contra Cuba en Bahía de Cochinos. El General decidió ir de inmediato a la isla a mostrar su solidaridad. Lo primero que intentó fue viajar en un avión de línea. Pero no fue posible. Entonces habló con el aviador que lo había llevado a la zona chiclera de Tabasco, un sobrino de Roberto Fierro, para ver si podía llevarlo hasta La Habana. El aviador dijo que sí. El General pidió permiso al gobierno para el vuelo.

Cuando el aviador llegó al aeropuerto para abastecer su avioneta, se encontró con que hasta cadenas le habían puesto, junto con un recado donde se le informaba que ese avión no podía salir. Nosotros fuimos a dejar al General al aeropuerto junto con César Martino y Pedro Ledesma. Allí había muchos amigos que habían ido a despedirlo. Fue ahí que se enteró que el gobierno no había autorizado su vuelo.

Se convocó entonces a una manifestación en el Zócalo en defensa de Cuba. Fue impresionante. Muchos miles de estudiantes, maestros, escritores, gente del pueblo, fueron participantes y testigos de este acto de solidaridad, el 18 de abril de 1961 por la noche. Para que el General pudiera ser visto y oído, tuvo que subirse al cofre de un automóvil. Entonces todos nos sentamos en el piso para poder escuchar y ver, en medio de un silencio impresionante y un respeto absoluto. La gente estaba indignada por el monstruoso atraco contra Cuba.

Diez días después el General fue a ver al presidente Adolfo López Mateos. Cuando salió el tema, éste le dijo: «No hubiera usted llegado nunca si salía». El General le respondió: «De todas maneras, ellos hubieran sabido que yo les llevaba el apoyo».

Con Raúl y Vilma Castro en el despacho del General.

Años después vino Raúl Castro a México. Entregó a Lázaro, el nieto, una de las armas que ellos habían quitado a los invasores en Bahía de Cochinos. «Ya que no se lo pudimos entregar al General, se lo entregamos al nieto que lleva su nombre», dijo.

El General conocía al grupo de Fidel Castro antes de que los apresaran. Sé que los ayudó y hasta halló modo de facilitarles posibilidades para que hicieran sus entrenamientos. Una vez en Uruapan dijo a su ayudante: «Van a venir unas personas en una camioneta, las haces pasar de inmediato». Cuando llegaron, el General estaba ocupado y el ayudante, para no molestarlo, no los anunció y no los hizo pasar hasta que se desocupó. El General se lo reclamó. Supe después que eran Fidel y algunos de sus compañeros.

Cuando los agarraron, el General fue a ver al presidente Adolfo Ruiz Cortines. Éste lo recibió de inmediato y el General le pidió mucho la libertad de los presos: «no tienen delito, están luchando por la libertad de su patria», le dijo. El presidente por fin accedió, pero agregó: «Es mejor si alguno se queda un poco de tiempo más para que no digan que los soltamos a todos así nomás; que se quede el morenito...» Entonces el General le contestó: «¿Pero usted lo escogió por morenito?» ¿Y usted y yo qué somos? Ruiz Cortines se rió y dijo: «Bueno, ya que salgan todos de una vez». Y los hizo poner en libertad.

Desde la Sierra Maestra, Fidel Castro le mandó al General una carta de agradecimiento, que conservo.

Hace unos años me invitaron a uno de los aniversarios de la revolución cubana. Raúl Castro me presentó a una de las chamacas vestidas de uniforme y le dijo: «Esta es la esposa del general Lázaro Cárdenas. Si él no nos ayuda y nos saca de la cárcel, en este momento no estaríamos aquí».

Territorio Libre de Cuba
Sierra Maestra, 17 de marzo de 1958.

Señor General de División
Lázaro Cárdenas
Andes 605
México, D.F.

Admirado general:
Aprovecho la visita de un reportero de la prensa de su país para enviarle a usted, que es el primero de los mexicanos, un fraternal saludo.

No ignora usted la tragedia que vive nuestra patria, padeciendo hace seis años la más brutal tiranía que ha conocido.

Solos los cubanos, sin la ayuda de nadie, hemos ido librando nuestra lucha. Cuántas veces, en medio de la áspera contienda, he pensado con tristeza en lo olvidados y ajenos que vivimos los pueblos de América. ¡Con cuán poca ayuda hubiésemos podido poner fin hace tiempo a esta lucha que tantas vidas valiosas cuesta a nuestro pueblo! Poseedores los grupos opresores de los más modernos medios de destrucción y muerte que les facilita con irrisorios pretextos la nación que se dice defensora de la democracia, los pueblos, abandonados a su suerte tienen que pagar un precio cada vez más alto por su libertad. Y es tal, sin embargo, su voluntad de sacrificio y de lucha, que solos y desarmados están venciendo todos los consorcios.

Consideramos que la lucha en Cuba está en su etapa final y que el combate decisivo se librará con las mayores posibilidades de éxito. Mas si los efectos de la rígida censura y el terror desatado previsoramente por Batista ahogasen el movimiento de huelga y acción armada que está al producirse, nos replegaremos de nuevo hacia las montañas a continuar la lucha indefinidamente. Entonces acudiremos a todos los rincones de América en busca de ayuda para nuestra causa, esperando que el sacrificio y la tenacidad demostrada por nuestro pueblo puedan mover el interés de hombres como usted que tanto ascendiente tienen sobre el suyo, por su historia y su valor.

Eternamente le agradeceremos la nobilísima atención que nos dispensó cuando fuimos perseguidos en México, gracias a la cual hoy estamos cumpliendo nuestro deber con Cuba. Por eso, entre los pocos hombres en cuyas puertas puede tocar con esperanzas este pueblo que se inmola por su libertad a unas millas de México, está usted.

Con esa justificada fe en el gran revolucionario que tantas simpatías cuenta en nuestra patria y en toda América, se despide de usted, su sincero admirador.

Fidel Castro

Marcha de apoyo a la revolución cubana.

Cuba, primer aniversario de la revolución

Palabras de Lázaro Cárdenas.

Esta manifestación de la juventud de México, manifestación de solidaridad con el pueblo de Cuba, que en esta hora se ve agredido por fuerzas extrañas a su territorio, es muy significativa, porque puede contribuir a evitar una de las más graves crisis bélicas no sólo para los pueblos de Latinoamérica sino para todos los pueblos del mundo.

En nuestra América, Cuba está siendo agredida y es necesario que los pueblos todos de Latinoamérica manifiesten su solidaridad en forma tal que revele ante el mundo la fuerza moral de nuestros propios pueblos.

Hay fuerzas extrañas que vienen manifestando que intereses ajenos a la sensibilidad, a los sentimientos del pueblo mexicano y de todos los pueblos de Latinoamérica, tratan de intervenir en nuestros asuntos. Los pueblos se mueven por sus propias necesidades, se agitan cuando tienen problemas. A los pueblos de nuestro continente, como a todos los pueblos del mundo, no los mueven intereses extraños, los mueven sus propias inquietudes, como es el caso de México, como es el caso también de Cuba.

Elementos extranjeros están invadiendo a Cuba. Y todavía más, en los países de Latinoamérica hay gobiernos que no ocultan su pensamiento ni ocultan su interés en que el gobierno norteamericano intervenga en los asuntos internos de Cuba y esto es ya muy grave.

Si los gobiernos de Latinoamérica no quieren que intervenga, por ejemplo, la Unión Soviética sobre la agresión que está sufriendo el pueblo de Cuba, por qué los pueblos latinoamericanos, los gobiernos latinoamericanos, no asumen el papel que les corresponde y le dicen a Estados Unidos: somos los defensores de nuestros propios hermanos, de los países de América Latina; no necesitamos que vengan a ayudarnos. Pero ¿cuál es la actitud de los gobiernos de Latinoamérica? Uno que otro toma el papel que le corresponde, pero la mayoría es indiferente ante la actitud de los Estados Unidos, que interviene en un país de nuestra propia sangre.

Quieren sacrificar a Cuba, que no ha hecho otra cosa que tratar de elevar las condiciones de vida de su pueblo. Es necesario que reflexionemos y no estemos contribuyendo a crear un clima que puede traer graves consecuencias, no solamente para nuestros pueblos, sino para todos los pueblos de la tierra. (...)

Por lo que ocurre en otros países que no están en las condiciones de México, como en

Colombia, que ha tenido desde 1948 largos años de tragedia, por la dictadura que hizo víctima a más de 200 000 campesinos, y que ahora se puede recrudecer, por la agresión a Cuba, tenemos la obligación de decirle a los Estados Unidos: no sigan manteniendo regímenes dictatoriales que hacen numerosas víctimas en el seno de nuestros pueblos.

Y no vamos a resolver el problema de México y de los demás países con simples gritos o acciones aisladas, no. Debemos organizarnos. Que se organice la juventud de toda Latinoamérica, que se organicen los sectores intelectuales, los obreros que respondan a sus compromisos y obligaciones, que en cuanto al sector campesino éste se organiza solo. (...)

De esta manifestación debe salir un mensaje firmado por las agrupaciones estudiantiles, obreras, campesinas, intelectuales, de todos los sectores aquí representados, pidiendo que se levante el bloqueo que se tiene por mar y aire sobre la isla de Cuba; que no pueden permitir los pueblos de Latinoamérica que se mantenga el bloqueo sobre Cuba, a la que tratan de ahogar; decirle que, o abre el bloqueo o lo abrimos, como dice ese muchacho. *(Un muchacho había gritado, momentos antes, «vamos a levantarlo»)*

Es necesario que se abra el bloqueo, que se deje al país cubano libertad para moverse en el mar, para moverse en el aire, para hacerse oír por el cable en todo el mundo, pero que no lo sigan bloqueando. Aquí mismo, un expresidente de México no ha podido salir a Cuba. ¿Por qué? Porque no quieren salir los aviones de las compañías mexico-norteamericanas. La compañía que opera aquí en México, que tiene la línea hacia Cuba; compañía con capital mexicano y extranjero, no quiere hacer el viaje a Cuba. Hay que dejarlos que se sigan exhibiendo, que sigan exhibiendo su inconsecuencia, su irresponsabilidad; les llegará el momento alguna vez.

No queremos la intervención de los Estados Unidos ni deseamos la de la Unión Soviética en nuestros asuntos internos. Pero de intervenir Estados Unidos, intervendrá la Unión Soviética.

Han hablado ustedes de los caciques. Pero ¿por qué los hay? Es culpa del Estado en todos los países. Si el Estado vigila que las autoridades inferiores cumplan con sus obligaciones y responsabilidad seguramente que no habría caciquismo en nuestros países.

Se refieren ustedes a la prensa.

La prensa misma, la prensa llamada «grande», ¿qué representa? Representa la negación de la

Dorticós, Cárdenas y Castro, en el primer
aniversario de la revolución.

prensa libre, porque es parcial y actúa dictatorialmente. Y ¿qué son también los escritores que no dejan de escribir contra los intereses del pueblo? Son caciques de la pluma. Entonces contrarréstenlos ustedes con prensa nueva. ¿Que carecen de recursos? Si se propone cada uno y las agrupaciones a dar su cooperación, por modesta que sea, para sostener una revista, un periódico, un partido, tendrán prensa libre, tendrán autonomía y tendrán libertad política; pero si no lo hacen, si todo lo dejan para el mañana, si no se resuelven a realizar un trabajo con disciplina y continuado, entonces no nos quejemos más que de nosotros mismos.

Cerramos esta manifestación agradeciéndoles, a nombre del pueblo de Cuba, su solidaridad, y felicitándolos por este grandioso acto de la juventud de México, en que se manifiesta la dignidad de nuestro país frente a los intereses colonialistas del imperialismo internacional.

Palabras de Lázaro Cárdenas en la Plaza de la Constitución la noche del 18 de abril de 1961 (extractos).

Los sucesos de 1968

Durante el movimiento estudiantil de 1968 asistí a varias manifestaciones. No marché, pero pude asistir. Me llamó la atención lo respetuosos que eran los muchachos. Con un comedimiento único, pedían ayuda con su bote. Claro, yo veía con cuánto gusto muchas personas los ayudábamos en esa forma. Hasta llegué a llevar a mi mamá para que viera las manifestaciones. Cuando ella iba no nos bajábamos del auto, pero acompañábamos a la marcha sobre cualquier calle. En otras ocasiones me iba con dos amigas que me acompañaban mucho y entonces podía asistir directamente.

En una de esas ocasiones, en el mes de septiembre de 1968, estábamos comiendo en casa y la manifestación iba a salir de Antropología como a las 4:30 o 5 de la tarde. Estábamos en la mesa y el General platicaba y platicaba. Le dije yo que iba a ir a casa de La Chata, mi hermana. Entonces me dijo que tal vez sería bueno que no fuera, porque se anunciaba una manifestación de estudiantes por Reforma y podía haber dificultades para pasar con el coche. Yo le dije que me iba por Tacubaya, pues mi hermana vivía en las calles de Cholula. «Ah, bueno, si es así pues vete», me dijo y se quedó todavía platicando.

Salí, recogí a mis dos amigas y nos fuimos a la concentración en Antropología. Caminamos sobre Reforma. Vimos pasar la manifestación, que era la que se llamó manifestación del silencio, pues desfilaban con la boca tapada. Era una cantidad muy grande y la gente mostraba respeto y simpatía por ellos. Entre los manifestantes vi pasar a Luis Prieto, que llevaba tapada la boca y le hice la seña de que no me fuera a saludar ni nada. Caminamos, vimos algunas personas y regresé a la casa a eso de las ocho y media de la noche. Entré al despacho del General, pues yo sabía que casi

siempre estaba en el escritorio, leyendo o escribiendo. Toqué, entré y le dije que ya había regresado.

Nada más se paró, se me quedó mirando y lo primero que me dice es: «¿Y cómo estuvo la concentración, Chula?». Y le contesto: «Pues muy buena, muy concurrida». No sé si él se haya imaginado que mis salidas eran siempre por ese motivo, pero ni me lo prohibía ni lo autorizaba. Era cuestión mía y era valor entendido que a mí me interesaba e iba.

Todas esas semanas el General lo había pasado muy inquieto, muy nervioso y preocupado. El General era muy sensible y todo eso le afectaba muchísimo. Cuando sucedió lo de Tlatelolco, recuerdo que serían como las 3 de la mañana y el General estaba sin poder dormir, dando de vueltas, sin siquiera acostarse. Estaba con algunos de sus ayudantes. Llegó en eso el ingeniero Lastiri, algunos de cuyos familiares vivían en uno de los edificios de Tlatelolco. Llegó muy nervioso, para platicarle al General lo que él había visto. En las escaleras habían perseguido a muchachos y ahí los habían dejado muertos. A uno lo habían perseguido hasta un baño y también lo habían matado. Contó cosas realmente atroces.

«Bueno, ¿pero tú lo has visto?», le preguntó el General. «Sí, señor. Me tocó verlo yo mismo, porque estaba de visita con mis familiares». Recuerdo que Lastiri lloraba y creo que al General también se le salían las lágrimas.

Al día siguiente llegó el ingeniero Orive Alba, para decirle que sus hijos no aparecían. Por fortuna, después aparecieron, sin zapatos y todos maltrechos. Los hijos del ingeniero habían estado participando en el movimiento y con ese motivo Orive venía a hablar mucho con el General.

Cuando Heberto Castillo tuvo que esconderse, después de la ocupación de Ciudad Universitaria por el ejército, el General habló con el ingeniero Orive a ver cómo podían sacar a Heberto del peligro. Sé que el ingeniero se las arregló para sacarlo en la cajuela de su coche. El General le ofreció a

Heberto que se refugiara en Cuernavaca, pero Heberto dijo que no, pues iban a decir que le sacaba al peligro habiendo tanta otra gente buscada y perseguida. Y se quedó en la ciudad. Posteriormente, Elena Vázquez Gómez lo llevó a la casa de Emilio Krieger.

Las bodas de plata.

Una plática camino
a Pátzcuaro

En una ocasión, después de haber ido a dar el pésame en una casa de Coyoacán por una persona que conocíamos desde Michoacán, salimos para Pátzcuaro. En el camino íbamos platicando de nada y de todo, y en eso vi pasar un sepelio y en uno de los coches alcancé a ver unas personas que las acababa de ver por la mañana. Le comenté al General y me dijo: «Sí, ese cortejo va para Zamora».

Entonces aproveché y le dije: «Mira, te voy a decir que si yo falto, o tú faltas, a mí no me vayas a llevar a Tacámbaro ni a Jiquilpan. Se me hace muy mal que estas personas vivan en México y ahora lleven a esa persona casi, casi al olvido, donde no se vuelvan a acordar de él. Si los hijos están todos viviendo en México, cómo se van a acordar de venir a visitar al que traen a Zamora».

Entonces me contesta: «Pues sabes, Chula, que yo sí quisiera que si algo pasara, sepas que a mí sí me gusta Jiquilpan». Y yo: «No, pues de una vez te lo digo, para mí ni Jiquilpan ni Tacámbaro». Y me dice: «Es que no has querido ir a Jiquilpan a ver cómo he arreglado ya el panteón. He hecho una cripta para la familia, he puesto una calzada de azules» (así llaman allá a las jacarandas). Pues yo insistí: «No, no me interesa ir a verlo ni nada. Sólo te digo que nada más no».

Me dice entonces: «¿Qué? y en México ¿en dónde pretendes que se te entierre?» Le respondo: «Yo, en el Panteón Español, porque ahí está mi mamá, mi tía, mi papá, mi hermano que tú conociste a la edad de dieciocho años. Está toda la familia». Y el General dice: «Pues yo vuelvo a decirte que para mí sería Jiquilpan, con la familia. ¿O qué pretendes, el Monumento a la Independencia?». Y yo: «No, no. Te repito que prefiero el Panteón Español, porque ahí

está la familia y tenemos oportunidad de ir a visitarlos y de llevarles flores».
Él se quedó haciendo una reflexión y después dijo: ¿O qué? ¿Te gustaría el
Monumento a la Revolución?». Yo insistí que el Español y entonces se quedó
otra vez como pensativo y después me dijo: «Bueno, si, Chula. Al cabo, esa
Revolución tan pisoteada». Y ya no seguimos discutiendo y así quedó.

Juxtlahuaca

1o. de mayo.
En Juxtlahuaca,
Oax. Inspección
camino Juxtlahuaca
a Tonalá y regreso a
Juxtlahuaca. 104
km.
Modificación tramo
La Pera por
asentamiento loma.

5 de mayo.
En Silacayoapam,
Oax. Procedente de
Juxtlahuaca,
pasando por
Tlacotepec Nieves,
Santiago Asunción,
Ixpantepec Nieves,
Michapa (inspección
puente en construc-
ción sobre cauce río
Santiago del Río),
Patlanalá y
Silacayoapam. 51
km.

Lázaro Cárdenas,
Apuntes. 1970.

Yo fui en algunas de las visitas que el General hizo a la Mixteca, pero especialmente a Juxtlahuaca, una pequeña región de la zona. Allí el General tuvo una pulmonía. Esto fue en 1970, en el mes de mayo, en los primeros días, porque recuerdo que allá me tocó pasar el día 10 de mayo.

Había empezado la pulmonía, y no se quiso venir a México, a pesar de que los amigos e ingenieros que andaban con él en el trabajo querían que se trasladara a Puebla o directamente a México. Pero el General no quería.

Entonces Cuauhtémoc viajó a Juxtlahuaca para ver cómo estaba realmente el caso, porque el General no quería que supiéramos a qué grado estaba. Llegó allá y me habló de inmediato. Me dijo: «Mami, es muy necesario que te vengas. Mi papá no quiere ver ningún médico, no quiere atenderse de nada, y yo veo que el caso es bastante serio». El General ya estaba en una pequeña casa de la localidad. Cuauhtémoc me pidió también que le hablara a Paco Merino, que tenía avionetas chicas, para que me facilitara viajar a Juxtlahuaca. Le platiqué a Paco y éste me dijo: «No, yo voy con usted», y así se fue conmigo y una enfermera.

Volamos los tres a Juxtlahuaca con mucha dificultad, porque es la sierra. Es una población chiquita, que cuando mucho tendría unos cinco mil habitantes. Yo veía los cerros y le iba diciendo a Paco: «Hazte a la derecha. Bájate un poquito. Súbete». La verdad es que esa zona es peligrosa para andar en avionetas chiquitas. Aterrizamos con trabajo, porque también la pista resultó muy peligrosa.

Cuando llegamos, vimos que la situación de la salud del General era bastante seria, con temperatura muy alta y en condiciones pésimas. El cuarto donde estaba era de piso de tierra. Uno de los muchachos, el chofer, había

ido a comprar ahí mismo un colchón, pero no se le había ocurrido ni siquiera quitarle el plástico con el que iba envuelto. Cuando yo me senté en la cama sentí que me resbalaba y no sabía de qué se trataba.

Lo primero que les dije es que había que poner periódicos, o algo así, en el piso, porque entraban y era pura tierra que se formaba. El muchacho me dice: «Pero señora, qué hacemos, dónde encontramos». Le dije entonces: «Vete a la cárcel. Allá los presos hacen petates, tenates, sopladores y todas las cosas de palma». Volvió y, claro, pudimos tapizar el cuarto de petates y parecía un verdadero tapete. Después, en otras ocasiones que fui a Juxtlahuaca, siempre visitábamos la cárcel, les llevábamos cosas a los presos, pues esa pobre gente estaba muy abandonada.

Pero las limitaciones aquella vez eran de no imaginarse. Cuauhtémoc estaba durmiendo en un escritorio de madera que estaba en el corredor y por supuesto no le daba la estatura. Cuando llegué le dije a uno de los ingenieros de más confianza, Lastiri, que cómo era posible que no hubieran inventado entre todos poner una tabla para alargar aquel escritorio y que Cuauhtémoc siquiera cupiera. Luego me trajeron a mí un catre chiquito, y ya nos instalamos.

La noche que llegué a Juxtlahuaca tocaron la puerta. Era casi de noche, como las siete y media, pero estaba muy oscuro. Salí y era una señora. Ella no me conocía. Me dijo: «Sabe, señorita, supimos que llegó la señora, y como creo que no va a tener nada aquí le traigo esto». Llevaba algo en la mano y me lo dio: «Tome tal como está, ella que escoja y ya yo después volveré por aquí». Eran un cojín, sábanas, funda, toallas, todo lo que yo realmente no tenía. Yo le dí las gracias, cojí todo aquello y lo metí. Fueron detalles de gente muy amistosa y buena, que sabía que había llegado yo y no tenía nada. ¡Hasta el colchón estaba con el plástico!.

Paco Merino volvió a México con su avioneta y regresó al día siguiente con el doctor Falcón, el médico que atendía al General. Entró con el médico

7 de mayo
En Juxtlahuaca,
Oax. Procedente de
Silacayoapam en
compañía de los
ingenieros Adolfo
Báez, Francisco
Delgado, Herrera,
Calderón Lastiri.
Manejando
camioneta Valente
Soto y Javier
Quiñones.

Lázaro Cárdenas,
Apuntes. 1970.

e inmediatamente dijo: «No cabe duda de que ya hay señora. Hay tapete en el cuarto».

Desde luego, lo que los doctores querían era que el General se trasladara a México. El dijo que no; que iba a ver si se resolvía ese problema y que él se estaría ahí un tiempo. Y si no, pues entonces se vendría.

Cuauhtémoc tuvo que regresarse a México, pero el General allá se quedó. A mí no me dijo por qué no quería volverse. El doctor Espinosa, que era el médico del pueblo, me contó que el General le había dicho: «No me hagan nada, no me hagan nada. Yo quiero quedar aquí entre ustedes, entre los indígenas. Si tengo que morir, que sea aquí, con ustedes». Es lo que me platicó el doctor de Juxtlahuaca. Por supuesto con eso yo no estaba nada conforme, porque había que hacerle toda la lucha posible.

Pero en definitiva, no se quiso venir. Tuvo temperaturas muy altas y además de medicamentos llevamos oxígeno y hubo que dárselo. Era una pulmonía muy seria. Ya hacia el tercer día, cuando la temperatura le había bajado, nos volvimos por carretera.

Pasamos por Tonalá, porque él insistía en pasar por allá. Llegamos en una tarde sin sol, que amenazaba lluvia. Yo le decía que no se bajara del coche, pero no me hizo caso. «Al cabo traigo la gabardina y el sombrero», dijo, y se bajó. Quería ver una casita que ellos tenían allá, pues dondequiera tenían rentadas casitas miniaturas, para recibir gente y para dormir. No había más que dos piecesitas chiquitas, pero en la huerta él había puesto limos y frutales, porque le fascinaba poner árboles dondequiera que llegaba. Había puesto también mucho jazmín, que a él le gustaba.

Yo no me bajé del coche para que no nos tardáramos. Pero él dijo que iba a dar una vuelta y que ahorita regresaba y se bajó con Valente, el chofer. Cuando regresó, me traía un ramo de flores, de los jazmines de la casa: «Mira, me bajé nomás para traerte unas flores». Desde luego no sé si él

En Silacayoapam a las tres horas de este día, acostado, me sentí con temperatura y escalofrío. A las 8 horas bajó la temperatura; a las 11 horas salimos de Silacayoapam hacia Juxtlahuaca. Nos detuvimos en Michapa invitados a comer; a las 15 horas continuamos a Juxtlahuaca. Yo con temperatura más alta que en Silacayoapam. En Juxtlahuaca el doctor Francisco Espinosa me inyectó a las 20 horas y el viernes me sentí con temperatura normal.

Lázaro Cárdenas, Apuntes. 1970.

presentía que ya no regresaría a la casa, y él quería todos esos rincones. Había estado nueve años por allá, entre tantas incomodidades, que al final aquello le jalaba, tenía cariño por algunos lugares, entre ellos por Tonalá. La gente de allá era muy amistosa y muy buena y lo quiso muchísimo.

Después que el General trajo sus flores, se subió al coche y ya nos regresamos para México. Llegamos como a las tres de la mañana.

Allí en la casa de Juxtlahuaca se quedó todo, su ropa, la cama. Entonces cuando ya faltó el General, en el quiosco de Juxtlahuaca el pueblo quiso hacer una especie de museo. La parte de abajo del quiosco la cubrieron con vidrios y ahí pusieron la cama del General, el sombrero, unos zapatos, una chamarra, unas libretas, algún libro, cosas personales que había dejado en la casa.

Ese fue mi primer contacto con Juxtlahuaca. Es una serie de pueblitos bonitos, con un bonito río, un lugar agradable. Después que el General faltó, ya hice yo mis excursiones por allá y ya fui con más frecuencia a Juxtlahuaca y a todos esos pueblitos de la zona triqui, como Copala y otros.

Todo aquello sucedió después de la operación que tuvo el General en enero de 1970. Para esa ocasión que estuvo en Juxtlahuaca, él ya sabía qué tiempo le quedaba de vida, porque había hablado con los médicos que lo atendieron. Esto vine a saberlo bastante después, en una ocasión en que estábamos en Jiquilpan con Paco Martínez de la Vega y otras personas. Estaba un doctor Salguero, que radica en Guadalajara, que fue uno de los que operaron al General. Entonces Paco le hizo una pregunta, un tanto cuanto atrevida: «Oiga, doctor ¿ustedes le dijeron al General qué tiempo le quedaba después de la operación que le hicieron?». El doctor respondió: «No se lo hubiéramos querido decir. Es que él nos obligó a decírselo».

El General les preguntó primero qué ventajas tendría si se sujetaba a un tratamiento: qué consecuencias, qué problemas tendría. Los médicos le informaron sobre la posibilidad de quimioterapia, sus consecuencias y

8 de mayo.
En Juxtlahuaca. A las 9 horas llegaron Cuauhtémoc y el doctor Héctor Rodríguez Cuevas por aviso que los ingenieros transmitieron a México que me encontraba enfermo. En realidad se precipitaron; el caso no era delicado.

9 de mayo.
En Juxtlahuaca, Oax. a las 10 horas llegaron en avión Amalia y el licenciado Ignacio Acosta. En otro avión llegó Alicia y la enfermera Rosa María Cázares.

Lázaro Cárdenas, *Apuntes.* 1970.

posibilidades. El General les dijo: «No, no me voy a hacer absolutamente nada. Nada más díganme qué tiempo me queda para yo ordenar mis cosas». Según cuenta el doctor Salguero, finalmente el General se encerró con él en el despacho de la casa, echó la llave y le dijo: «Dime exactamente qué tiempo me queda, para yo arreglar mis asuntos».

Por eso dije que en el viaje de regreso de Juxtlahuaca tal vez él iba con el presentimiento de que ya no volvería a recorrer esos lugares, al menos conmigo. Sin embargo en ese mismo año 1970, el último de su vida, todavía recorrió una vez más la Mixteca y pudo regresar a su pueblito y su río de Juxtlahuaca.

11 de mayo.
En México.
Procedente de
Juxtlahuaca llegué
con Amalia a las 23
horas, por la ruta de
Tonalá, Huajuapan
de León, Izúcar de
Matamoros, Cuautla
y Cuernavaca. 410
km.

Lázaro Cárdenas,
Apuntes. 1970.

Mirando la enormidad blanca del Nevado, expresó a mi secretaria,
Chole Vázquez Gómez, esta sentida oración:
"Ojalá que la ambición de los hombres no lesione los intereses de la patria".

Con el general Mújica, en Chupícuaro.

Cuando develaron el nombre del General en la Cámara de Diputados.

V

Una de las visitas que realizaba a las escuelas.

Recuerdos de la Mixteca

Pienso que la existencia de una persona como el General no se reduce a sus años de militar, ni a sus seis años de gobierno. He pensado que su vida fue mucho más intensa al dejar la Secretaría de la Defensa Nacional en 1945. Entonces se dedicó a recorrer lugares del país donde sabía que habían quedado obras sin concluir. Así fue como se concibió la Comisión del Tepalcatepec y más tarde la del Balsas. Para hacerse cargo de la Comisión del Balsas, le planteó al presidente Adolfo López Mateos que, habiendo otros expresidentes sin comisión, los invitara a colaborar en su gobierno. Así fue que los expresidentes desempeñaron comisiones dentro de la administración pública.

Trabajos y obras en estas dos comisiones están a la vista: presas como el Infiernillo y la José María Morelos, así como el desarrollo de la Mixteca. Como otras regiones del Balsas, la Mixteca sufría la falta absoluta de caminos, la incomunicación, la erosión de las tierras, la carencia de agua potable, todo lo cual provocaba la migración de sus habitantes a otras regiones para poder enviar a sus familiares ayuda para sobrevivir.

Lázaro nos dejó no sólo a mí y a sus hijos ejemplo de servicio, sino a todos los que de alguna manera estuvieron cerca de él. Los últimos nueve años de su vida los dedicó casi totalmente a la Mixteca, región muy pobre, incomunicada y llena de problemas. Con él yo fui pocas veces, porque era muy difícil, no había hoteles ni casa ni dónde quedarse. En lo que era la oficina le metían un catre y era recámara y era oficina y era todo. Pero si iba yo, entonces era diferente.

Cuando el General faltó, yo me decidí a ayudar como pudiera a la gente

Audiencia en Los Pinos.

que tanto quiso y con la que vivió momentos muy intensos. Los mixtecos son en su gran mayoría muy buenos y solidarios. Tanto de allá como de La Laguna, en vida del General, para el día del petróleo o para su cumpleaños, venían bandas a tocarle. Pero cuando él faltó, siguieron viniendo cada ocho días a tocar la música, con bandas chiquitas del estado de Oaxaca que traían regalos. A mí todas esas cosas me tocaron muy hondo. Así fue como me hice finalmente el ánimo de ir mejor yo a saludarlos y así fue como comencé a estar más cerca de ellos.

Tuve un recibimiento como a poca gente se le hace. Salían a las carreteras con retratos del General en papel de china, pintados o no pintados, como fuera, cantando cosas religiosas, himnos, todo lo que fuera. Yo me tenía que bajar de la camioneta a saludar a la gente que se iba juntando, veinte, cien, doscientos, lo que fuera. Así fue como en la Mixteca yo me decidí también a hacer algo. Pensé que venir así nomás a no hacer nada, a que lloren conmigo, a que nomás saquen retratos con lamparitas y flores y banderas, pues tampoco. Mejor empecemos a hacer algo. Ese fue el inicio de mis visitas a la Mixteca.

A partir de 1971, pude ir al menos una vez al año a visitar la zona para ver de qué manera podía hacer algo por ellos, no sólo llevando ayuda sino principalmente con gestiones ante las autoridades.

Dediqué buena parte en mandar cartas personales pidiendo ayuda a los que sabía podían brindarla. Llamé por teléfono y con otras personas haciendo reuniones, platicándoles lo urgente que era cualquier atención que les diéramos. Así fue como poco a poco se formó un grupo numeroso, deseoso de participar no solamente con donativos, sino lo más importante, ir personalmente a visitar los poblados, rancherías y comunidades. Nos informamos de la mayor de sus carencias: escuelas, agua, caminos. Conseguimos algo de lo mucho que carecen: caminos de mano de obra, techos para escuelas (pues

Nuestros repartos en la Mixteca.

estudiaban en muchos lugares a la sombra de los árboles), útiles escolares, pizarrones, tambos para agua, en algunos lugares dejamos catres.

Acostumbré llevar también jóvenes estudiantes para que conocieran de cerca nuestra gente y sus grandes carencias. Fue muy provechoso para ellos. Se sensibilizaron y tomaron la obra con verdadero amor.

Durante el año, con aportaciones, reuniones y festivales, juntábamos lo más necesario, obteníamos despensas, cobijas, frijol, arroz, azúcar, ropa, calzado, cortes de tela para vestidos, peltre, cubetas, rebozos, petates y desde luego dulces y naranja. Ésta me la regalaba mi hermana Virginia, pues todo era por toneladas, ya que al visitar los poblados era lo primero que se repartía para mitigar la sed.

Llegamos a traer unos médicos de Estados Unidos a que dieran consultas gratis en Tonalá. Nomás les instalamos camas en una escuelita y en un centro de salud donde atendían. Allí había un paseo muy bonito sobre el río, que hizo el General. Les pregunté a los médicos si habían ido al Boquerón y me contestaron: «No, señora, qué Boquerón, si no hemos salido de esta salita de tanta gente que se nos junta». Estuvieron diez días sin tener un respiro. Debe haber sido hacia el final del sexenio de Echeverría, a quien por cierto le pedí mucha ayuda y nunca me la dio. Por ejemplo, estos médicos lo único que pedían era venir con su equipo, con su material de trabajo. ¿Cuál era el problema? Nos dio un trabajo enorme que los dejaran entrar con su material quirúrgico, porque se los habían quitado en las aduanas. Y eran gente que venían a trabajar sin sueldo ninguno, que daban su trabajo y su tiempo gratis. De esas cosas se siguen viendo muy seguido.

Tuvimos a veces experiencias muy fuertes. Un día nos tocó ver un pleito entre dos mujeres, dándose golpes y sangrando. Fue muy difícil separarlas. Otra vez, al pasar por un arroyo, vimos a un grupo de hombres poniendo una viga entre dos árboles, con unas cuerdas, preguntamos para qué era eso y nos

dijeron que era para colgar a unos individuos que habiendo sido designados autoridades de su aldea, no habían cumplido. Por eso les iban a aplicar «la tonchi», que no es sino una pena de muerte, costumbre muy vieja en la región. Con mucho tacto, logramos convencer a ese grupo y ya soltaron a esos pobres a los que traían amarrados. Dicen por ahí que cuando se trata de designar autoridades entre las comunidades indígenas, nadie quiere el bastón de mando y corren y se esconden, pues son tan pobres que no pueden cumplir. Algunos hasta se van de braceros (ahora lo hacen casi todos, entonces no tantos).

Una mañana veníamos por una vereda muy polvosa y uno de mis amigos y acompañante ya muy mayor, traía puesto un tapabocas para el polvo y unos niños al verlo corrieron a esconderse pues los espantó aquello. Muchas criaturas no sabían qué era la cajeta o la mermelada. Tuvimos que dárselas a probar con algunas dificultades para que las aceptaran.

Por supuesto que no sólo les llevamos alimentos y golosinas. También les ayudamos a controlar epizootias como la de sarna, les llevamos árboles frutales, se les orientó en la industrialización de la palma, se gestionaron escuelas, caminos y electrificación con las autoridades.

Una ayuda importante la tuvimos de FIDEPAL, que promovió la formación de cooperativas para trabajar la palma. Se construyeron entonces las plantas de Petlalcingo, Huajuapan, Tamazulapan y en la costa de Guerrero. Se impulsaron nuevos métodos. La maquinaria fue traída de España e Italia y se iniciaron centros de acopio en toda la Mixteca. Creo justo decir que fue la mejor época económica para la zona.

El inicio de los programas y trabajos de FIDEPAL fue duro y precioso a la vez. A pesar de que la gente desconfiaba de todos los que en alguna forma la visitan, con nuestros encuentros y pláticas se pudieron incorporar poco a poco en pequeñas cooperativas y se les sensibilizó y se logró su comprensión.

Visitando una escuela en China.

mamar a los hijos y ellos a su vez con sus caritas atontadas y tristes. Con el tiempo logramos hacerles ahí un pequeño mercado y arreglarles la Presidencia Municipal.

Los visitamos en otras ocasiones, llevándoles lo que nosotros podíamos obsequiarles. Quedaban agradecidos, tanto que siempre querían que nos trajéramos un borrego o un guajolote. Hicimos muy buenos amigos.

Calihualá es una población bonita, con una espaciosa plaza con árboles muy grandes y hermosos. La gente es muy amistosa y más comunicativa. Ahí logramos hacer repartos numerosos, de quinientas a mil personas, pues aunque son poblaciones pequeñas, es muy fácil la comunicación entre la comunidad y la gente llegaba atravesando cerros en un tiempo que nos sorprendía.

En una ocasión se nos hizo tarde y teníamos que pasar el río. Nuestra sorpresa fue grande al ver lo difícil que se presentaba cruzarlo. La camioneta que yo llevaba con trabajo pasó a la otra orilla. Los demás esperaron hasta que la creciente bajó. Regresamos a Tonalá a medianoche y los demás hasta la madrugada. Al día siguiente no salimos de trabajo, pues algunos con el susto no se sentían bien de ánimo.

Adelante de San Miguel el Grande está Yosondúa, agradable y bonito con un río y una caída de agua imponente. Ahí llegamos a quedarnos en una casa de investigadores del Instituto Lingüístico. Una vista hermosa para la montaña. La gente nos acogió con cariño, dándonos lo mejor que tenían. Visitamos el río y nos acompañaron los del pueblo con la típica canción de La Ramita, que acompañan con ramas de una planta olorosa y bonita que se llama «hierba del borracho». El nombre no le hace ningún favor.

La familia de americanos del Instituto Lingüístico tiene que ir a Oaxaca a abastecerse de lo necesario para una o dos semanas, tiempo que permanecen fuera de casa. Anticipadamente dejan a la vista de la comunidad hojas

Un descanso después de un día de trabajo.

en que explican qué pueden tomar (recetarse) en casos de dolor de muela, dolores de estómago, si acaso la señora está en vísperas de parto, que deben y qué no deben tomar o hacer si necesitan curación por accidente de trabajo o piquetes de algún insecto o mordida de algún animal. La casa queda abierta a todo el pueblo para estos menesteres.

En Juxtlahuaca funcionó muy bien el centro. Personas del lugar se prestaron para impartir clases de tejido y corte, las jovencitas se hacían sus vestidos, nosotros les llevábamos el material. Sólo les pedimos tener cuidado con las máquinas, que las trataran con cuidado.

La escuela a la que primero llegamos en Tonalá la administraba una verdadera «maestra», que daba su tiempo y su vida por las diez y ocho comunidades que tenía a su cargo. Paz Maya fue su nombre y esta gente jamás la olvidará.

Además de las clases asignadas por la Secretaría, con esfuerzo daba tiempo para enseñarles a cocinar y coser. Tenía además un telar rudimentario para tejer sarapes y una pequeña granja con pollos, cerdos y unas vacas, todo atendido por los propios alumnos campesinos. Gastaba ella su sueldo en cubrir las necesidades de la escuela sin ayuda del centro, la Secretaría de Educación Pública. Le dimos apoyo y ellas nos confeccionaban la ropa que repartíamos. Se le daba todo lo necesario: telas, hilo y se les pagaba su enseñanza. Fue una de las cosas que nos daba alegría. Les comprábamos todo lo que tejían y hacían en el telar y llegaron a tejer sarapes bien hechos y bonitos.

Logramos tener costureros en varios pueblos. Creo aún quedan por ahí las máquinas que les dejamos, donadas por familiares y amigos, no por el gobierno. Ojalá hayan seguido dando enseñanza y trabajo a las comunidades.

Un paseo con el General en Xochimilco.

Los días con el General

Los días con el General comenzaban muy de mañana. Tanto él como yo éramos muy tempraneros. Así eran también mis padres en mi casa, cuando yo era soltera: levantarse a las 5 o 6 de la mañana, y a trabajar. Nosotros de seguro a las 6 de la mañana ya estábamos fuera de la cama. De modo que con el General las cosas por ese lado no cambiaron.

Cuando vivíamos en Guadalupe Inn, al comienzo de nuestro matrimonio, él salía tempranísimo a montar a caballo. A eso de las 8 venía a desayunar. Era siempre algo sencillo: café con leche, fruta, dulce de calabaza cuando había, ya que no era de mucho comer. Pero cuando nos traían huchepos y corundas de Michoacán, que le gustaban mucho, entonces sí el desayuno era fuerte.

Al mediodía había siempre una sopa aguada, un platillo de carne, verdura y fruta. Le gustaban mucho los tamales, pero en casa era difícil hacerlos y desde Michoacán a veces ya llegaban en mal estado. Por eso pocas veces nos podíamos dar ese gusto. Por la noche, el General tomaba un vaso de leche, una quesadilla y alguna fruta. Lo que más consumía era fruta y también era muy dado a tomar té de hierbas, sabrosas algunas, otras no tanto y algunas hasta amargas.

Trabajaba desde temprano hasta muy entrada la noche. Recibía a mucha gente, después leía y poco antes de irse a dormir escribía, ya fueran sus apuntes o borradores de cartas. Mucho escribía y a veces yo veía que después rompía parte de lo escrito. Una vez le pregunté por qué lo hacía y me dijo: «Es que no le quiero dejar estas preocupaciones a Cuauhtémoc».

Cuando apareció la televisión, yo le bajaba por la noche su merienda y le sugería que subiera a ver la televisión y a descansar. Pero nunca lo hacía antes de las once de la noche. Tenía una capacidad asombrosa de trabajo, más

En Guanajuato, un Día del Soldado.

todavía cuando andaba en el campo recorriendo ejidos por brechas intransitables y en climas extremos por el calor o por el frío.

El General tuvo siempre especial predilección por los caballos. También quiso mucho a unos perros dálmatas que tuvimos recién casados y hasta recordaba con cariño a un burro que tuvieron cuando niños en Jiquilpan. Este gusto por los animales se veía también en sus muchos conocimientos de ganadería. Con cada una de las reses suyas era muy cuidadoso. Llevaba un registro de su edad, su origen, su raza, su peso, su crecimiento, todo.

También le apasionaban los árboles. En esto fue realmente un experto: quería y cuidaba a los que plantaba, pero también a los que él no había plantado. Hizo muchos experimentos para aclimatar especies en diferentes climas. En Jiquilpan y en Cuernavaca plantó árboles de mora. Disfrutaba mucho al verlos crecer, los cuidaba y nunca dejaba de recomendarnos que los regáramos.

Así fue como hizo el bosque de Jiquilpan, que hace apenas treinta y cinco años era un páramo y ahora es un lugar grato para la población. En cuanto lugar estuvo de comisión, ya fuera como militar o como encargado de obras, sembró árboles que conseguía de muchas partes, ya fuera de viveros oficiales o de amistades. Así sucedió, por ejemplo, con un raro tulipán africano que el licenciado Tomás Garrido Canabal le mandó desde Costa Rica junto con algunas cabezas de ganado cebú. El general Cárdenas bautizó a esos tulipanes con el nombre de «flor de galeana».

Le gustaba bordear de árboles los caminos. En todas las avenidas de nuevo trazo ponía jacarandas, laureles de la India, plantas de flores olorosas y bellas. En esto como en otras cosas, yo me identifiqué mucho con él. Los dos éramos del mismo estado, comíamos los mismos alimentos, teníamos los mismos hábitos y nos gustaba mucho montar. Yo desde muy niña lo hice, ya fuera en caballo o en burro, lo que hubiera, pues era el único medio de transporte en Tacámbaro.

Ya viviendo en Los Pinos mantuve esta afición. Junto con Chole, la esposa del general Ávila Camacho nos entrenábamos en un picadero de Polanco propiedad de

Dolores Hidalgo: último 15 de septiembre
como presidente.

una alemana, la señora Welton. Practicamos un tiempo con ella y después ya salíamos solas de Los Pinos y cabalgábamos por donde ahora está la Ford y lo que hoy es la avenida del Conscripto. Polanco era entonces puro solar, ni una casa había. La Hacienda de Los Morales era nomás el casco de una vieja hacienda. Allí había un pirul muy grande, donde en nuestras cabalgatas nos deteníamos a comer tortas. La verdad, fuimos muy buenas para el caballo. Las dos éramos de provincia y ya de chicas sabíamos lo que era subirse a un caballo o a un burro, según la edad.

Con el General amamos siempre las plantas, los árboles toda la naturaleza, las lluvias, aunque fueran tormentas. Él decía que el árbol creaba su propio suelo, y es verdad, sus hojas secas se pudren y después se vuelven humus. Veía además en los árboles una fuente de ingresos para el pueblo, si se respetaban las reglas para su explotación. Pero a mí siempre me pareció que le molestaba el derribo de los árboles: los quería de veras mucho. A Jiquilpan llevó las moreras porque eran posible fuente de trabajo para la cría del gusano de seda. Y en Apatzingán, en la finca California, él en persona formó las huertas de cítricos y cocos. Muy al principio de su gobierno cedió esta propiedad para el hospital civil de la región. Fue entonces cuando se empezó a construir el rancho Galeana, que todavía conservamos. Nunca fue allá durante los seis años de la presidencia y yo apenas fui dos veces, pues en ese tiempo era muy difícil viajar por esos rumbos.

Cuauhtémoc y Celeste se casaron el dos de abril de 1963. Mi padre falleció tres días antes. No pudieron aplazar el matrimonio, porque Cuauhtémoc debía viajar a europa para una conferencia internacional. Cumplió sus veintinueve años en viena y a principios de junio regresa a México.

Al extranjero hicimos muy pocos viajes en toda nuestra vida juntos. Cuando Cuauhtémoc estuvo estudiando en Europa, el General decidió que fuéramos allá y lo acompañáramos en su regreso a México. Viajamos en barco, desde Nueva York a El Havre. El General había sido invitado en algunas ocasiones a Inglaterra, pero esa única vez que fuimos con él a Europa no quiso

Dejé a Amalia en México, tranquila al parecer, no obstante el doble impacto con la muerte de su papá, el día 31 de marzo del presente año, y de la salida ayer de Cuauhtémoc hacia Europa. Tenía él fijado el 2 del actual para verificar su matrimonio civil con Celeste Batel, y tuvo que realizarlo ese día por las citas que tiene en Grecia para asistir al Congreso de Planeación Económica(...) Amalia ha sabido controlarse y esto ha sido un gran alivio de pena para ella y toda la familia. La admiro y la quiero.

Lázaro Cárdenas,
Apuntes, 1963.

Un 10 de julio con el general Jara.

ir a Inglaterra, pues no quería que se comentara que el general Cárdenas, que había expropiado a las compañías inglesas, había ido allá de visitante, o que los ingleses se sintieran ofendidos por la visita. Por ejemplo, cuando el Movimiento de la Paz lo invitó para una reunión en ese país, no quiso salir y pidió al ingeniero Jorge Tamayo y a Alonso Aguilar que fueran en su representación.

El General visitó China en 1959 junto con Cuauhtémoc, pero yo no pude acompañarlos. Entre las cosas de ese país que mucho lo impresionaron, estaba en primer lugar el que toda la gente tuviera escuela: la educación y la salud, que es lo mismo que uno ve en Cuba como cuestiones prioritarias. También la forma de trabajar el campo, que no dejaban un metro desocupado, y donde no se podía poner un árbol, ponían una hortaliza. Para darle atención a una población tan grande tenían que sacarle jugo a la tierra como fuera, pero todo estaba muy bien organizado. Eso era lo que el General nos decía: se organizaban todos, trabajaban en equipo y hasta los mismos ministros tenían sus «tequios» y bajaban a trabajar la tierra. El General visitó algunas de las comunas. A él le gustaba el sistema y decía que hubiera querido hacer una cosa parecida. Vino muy contento de ese viaje.

Quería también conocer Israel, pero se quedó con las ganas porque al final, entre tanta ocupación, no se presentó el momento. Quería ver sobre todo –y de eso hablaba mucho– el manejo de las tierras en Israel y cómo habían hecho para convertir en productivas regiones desérticas. Le interesaba en especial conocer los kibbutz, qué eran y cómo trabajaban y vivían.

Años después, cuando él ya no estaba, me invitaron a visitar China por una carta del ministro Kuo Mo-Jo, que era quien había recibido en su viaje al General. Fuimos varias personas a fines de abril de 1973 y allá pasamos tres semanas recorriendo el país, espléndidamente recibidos y atendidos, y viendo desde nuestra llegada en tren los campos perfectamente cultivados de arroz y de frutales, y el frijol y los tomates en palos trenzados para que se enreden y el fruto no toque la tierra, y los cerros completamente forestados. Visitamos Cantón, sus

industrias y artesanías, comunas, parques y restaurantes con su excelente comida. En Pekín no recibió Kuo Mo-Jo y de entrada nos llamó la atención la gran ciudad con calles muy anchas y muy limpias y tantas bicicletas. Visitamos también el Palacio Imperial y en el Palacio del Pueblo nos recibió el primer ministro Chou En-Lai. Visitamos también la Gran Muralla China, Nankín, Shangai, fábricas, escuelas, guarderías, comunas, campos. Durante todo el viaje los chinos nos colmaron de atenciones y hasta tuvieron el detalle de recordar el 1o. de mayo que era el cumpleaños de Cuauhtémoc con unas flores que me pusieron en el desayuno.

Siempre había tenido yo deseos de conocer España, pero mientras vivió el General no nos fue posible. Pude hacerlo hasta 1983, cuando le hicieron un homenaje y el alcalde de Madrid, Tierno Galván, develó en el Parque Norte de esa ciudad una figura del General , auspiciada y realizada por los antes exiliados republicanos en México. Desde entonces he podido regresar otras veces a España, país tan bello que podemos gozar en nuestro propio idioma.

Así fueron mis días y algunos de mis viajes con el General. Cuando faltó, algunos amigos me insinuaron que me fuera a vivir a un departamento, pues la casa donde siempre habíamos vivido era muy grande para mí sola. Estaban equivocados. En esta casa me quedé, aquí es donde tengo mis grandes recuerdos y cada rincón me habla de alguno de ellos.

Aquí fue la vivencia atropellada de los pocos años que el abuelo cariñoso gozó a los nietos Lázaro y Cuauhtémoc. Se complacía en verlos gatear sobre su escritorio y revolviendo papeles y, ya más grandecitos, llevándolos a Chapultepec y al zoológico. Allá iban a visitar a una guacamaya, que de la casa hubo que llevar a ese lugar más grande y cómodo para ella.

Aquí seguimos hasta hoy unidos en familia, acostumbrados a pasar navidades y otros aniversarios juntos. Hemos seguido con una casa para todos y todos la consideran su hogar, aunque cada uno tenga el suyo propio. Nunca me he sentido sola: mi familia hace mi felicidad.

Durante un mitin en la plaza de la constitución.

Carta a mis nietos

He querido dejarles a ustedes mis nietos, Lázaro, Cuauhtémoc y Camila, con toda emoción y cariño, algunas reflexiones que para mí han sido preocupantes, dada ya mi edad. Quiero comentar con ustedes algunas situaciones que me ha tocado vivir.

Siempre que paso a mi recámara, veo con detenimiento una foto de su papá cuando tal vez tenía unos 20 años. Siempre me detengo y me pregunto si en esa edad pensaba él en la lucha tan desigual que le está tocando vivir. Yo sé que papá Lázaro nunca lo pensó. Creo que tampoco él mismo.

Cuauhtémoc fue muy buen estudiante y muy amigo de sus amigos. Con algunos está aún en esta brecha dura de sus ideales. Como el abuelo de ustedes, él siempre ha pensado en los demás antes que en sí mismo.

En cierta forma ustedes han tenido horas de angustia y hasta de abandono. Su mamá ha sido una gran compañera. Ha tenido que limitarse a las pocas vacaciones (si así se pueden nombrar) que él les proporciona. Nunca han vivido con lujos y a eso se han acostumbrado también. Yo hubiera deseado y ambicionado, una vida más normal y tranquila para ustedes. Pero nadie predice el porvenir y creo que sí existe el destino. Este es el de ustedes.

Su papá ha dedicado su vida entera a esta lucha por mejorar las condiciones de vida de los mexicanos. Como decía papi Lázaro, unos lo comprenden y a otros por egoísmo propio no les interesa. Ya ustedes, los mayores, están al tanto de lo que acontece en México y en el mundo. Con tristeza vemos que el país en lugar de mejorar como otros, va en reversa. La ceguera de nuestros gobernantes nos ha hecho dependientes totalmente de nuestro vecino del norte... Es una lástima, teniendo este país tan rico y su gente tan buena y

Cuatito en Teotihuacán.

trabajadora. Es cuando pensamos que de nada sirvió nuestra Revolución, ni las vidas que se perdieron y se pierden hasta este momento, todo en aras de alcanzar lo más justo y noble que es nuestra soberanía. No les digo que su papá sea el salvador; no, es solamente uno de los muchos mexicanos que aún guardan la nobleza y dignidad de nuestros antepasados.

Es desesperante lo que en estos momentos estamos viviendo. A todos los que detentan actualmente el poder los ha corroído la ambición y la soberbia y no ven que los que antes eran pobres hoy son miserables. Su papá, vuelvo a decirles, no trae la lámpara de Aladino para resolver en forma mágica los problemas del país. Trae su conciencia, su vocación de servicio y su nacionalismo. Eso es lo que lo hace acercarse al pueblo.

Las elecciones de 1988, ustedes lo saben, las ganó el Frente Democrático Nacional, que más tarde se transformó y ahora es el Partido de la Revolución Democrática.

Un gobierno que se sabe o se siente sin una base sólida, no deja de tener dudas y complejos. Es lo que sucede con el actual. Por ello ese coraje contra todo lo que signifique cardenismo. El licenciado Carlos Salinas podía sentarse y dialogar o tener acuerdos, no desde la posición de presidente (eso está fuera de toda discusión, su partido lo apoya y es todo)... ¿No podría ponerse de acuerdo con sus opositores en un rasgo de valentía y modestia, ya que lo que está en juego es el bienestar del país? Podría dejar autoritarismos, que a la larga a nada lo llevan. Un sexenio se pasa luego y los vicios y los problemas quedan.

El mundo entero se está abriendo camino hacia una convivencia más justa. Es el anhelo de todos. ¿Por qué nosotros no podemos hacer un esfuerzo, sentirnos como mexicanos que somos, deponer orgullo e intereses, hablar claro con la dignidad de todo ser humano y abrirnos a ese luminoso camino que se llama libertad y democracia?

Celeste con sus hijos, Lázaro y Cuauhtémoc.

A ustedes, mis hijos, les toca recorrer un largo trecho. Ojalá sea de luz y justicia para todos. A ustedes, mis nietos, ya les he dedicado algo de mis pensamientos. Ustedes, como Cuauhtémoc su padre, supieron escoger a sus amigos, se criaron en un ambiente normal y aunque tuvieron oportunidad de ligarse con muchachos de su edad de otras condiciones sociales privilegiadas, prefirieron la sencillez y no la ostentación social. Han vivido y se formaron al lado de su inteligente mamá Celeste, que los guió a ser ciudadanos honestos y buenos. De la pequeña Camila aún no puedo decir más que es una niña preciosa, dulce, con un carácter fuerte, encantadora. Para sus pocos años, se ha dado cuenta de todo lo que pasa a su alrededor y comenta para que le expliquen lo que no alcanza a descifrar. Familiares y amigos la quieren y la festejan. Adora a los animales y a sus hermanos. Ha vivido siempre en departamentos y por ello sólo ha logrado que le consientan perros, que atiende con cariño y son sus compañeros de juegos. Los demás animales han caído a mi casa, a donde viene a verlos y a jugar con ellos. El burro no, ese se quedó en Cuernavaca para siempre.

Mi opinión muy personal, como todo lo que he escrito aquí, es que el gobierno podría haber conservado elementos con experiencia dentro del sistema y no haber traído tanta gente improvisada. Debió de asesorarse de gente valiosa, con espíritu nacionalista y con deseos de cambio, no de entrega. El cambio es como la moda, tiene que cambiar y adecuarse a la edad y al medio dentro de la sociedad. El salirse de ese camino hace que se caiga en un verdadero caos. Se llega, nada más, a un populismo para llenar compromisos mal planeados que nunca darán frutos. Tampoco pienso que esta idea mía sea la salvación de la crisis por la que atravesamos. Pero dentro de este mundo de inquietudes pienso que debíamos haber tenido mayores soportes para sortearla. Con personas con espíritu de cambio, sí, pero un cambio bien razonado y sostenido por verdaderos mexicanos. Pues mexica-

Cuatito en el museo México-Cárdenas
en Carolina del Norte.

nos no somos nada más por haber nacido aquí, sino por querer al país, y cuidarlo como se cuida a los hijos o al hogar.

Ahora con tristeza vemos nuestros campos abandonados. No se les da crédito a los campesinos cuando lo necesitan. La pequeña industria cierra, pues no puede competir. Vamos al mercado a buscar una lechuga y resulta de importación, pues ya no la producimos. ¿Qué nuestras tierras están tan gastadas que ni para hortalizas sirven? No, es la invasión de toda clase de artículos básicos provenientes del extranjero y que se podían antes producir aquí. Nuestros productores se van: no los estimulan, les niegan un pequeño préstamo o les recogen las cosechas. Es la política actual en nuestro campo.

La modernidad tiene muchos significados. Ha habido mucho escrito y comentado sobre la salida de personas que estuvieron en desacuerdo con el sistema y que, se dijo, debieron de haberse quedado adentro para motivar el cambio. Sí, el cambio se podría haber obtenido, si dentro hubiera habido personas que realmente lo quisieran. El cambio es muy necesario, diría urgente, para colocarnos a la altura de lo que está sucediendo en el mundo actualmente. Ahora hay mayor capacidad en los estudios y gran cantidad de jóvenes con mejor preparación que hace algunos años. Estas nuevas generaciones ya demandan otra manera de vida que la que llevaron sus padres y tienen mejores conocimientos. Un niño, por medio de la televisión, ya sabe qué sucede en Rusia o en el Golfo Pérsico.

Así pues, el cambio se impone... Pero no por cambiar mi casa haciéndola más moderna, le voy a tirar vitrales o cosas valiosas que mañana andaré buscando en los bazares. Adecuar la casa a las necesidades de la familia que va creciendo, pero dejando lo básico, así tiene que ser el país. No quitarle sus riquezas naturales cuyo trabajo y explotación costó muchos esfuerzos y otras que se crearon por la necesidad del crecimiento demográfico y económico. Que no se tome al país como propiedad de un sexenio. No, el

Lazarito en Apatzingán.

país es de todos y para siempre, si lo cuidamos y amamos. No tiremos pues la silla que creemos vieja y anticuada por la ventana, porque otro más listo la pintará y será su orgullo en el mejor sitio de su casa.

El panorama actual nos lo presentan como el remedio o panacea de todos los males. Ojalá no tengamos que arrepentirnos por no reclamar como se debe nuestro derecho a vivir más libremente y a tener el país que queremos.

No es «graciosa huida», como algunos dijeron, el estar en la oposición. Pienso que es lo más duro y crítico que se pueda vivir en las luchas políticas.

El PRD, como partido de oposición, jamás se ha cerrado a la posibilidad de llegar a un acuerdo. Se apoya en la confianza que tantos mexicanos han depositado en él y sabe sobre todo que hará valer la fuerza de sus principios y de su moral.

Tengo la seguridad de que muchos de los que actualmente están en esta oposición, son gente fogueada y sincera. Tal vez pudieron tener una vida fácil y cómoda y sin embargo fueron llamados a incorporarse a una lucha muy desigual, pero muy digna.

Yo me he preguntado qué haría el General en estos momentos en que vemos venta y entrega de bienes que más tarde nos harán falta y que hasta podríamos llegar a ser un país de maquila, ya no dueños sino alquiladores de máquinas ajenas movidas por brazos mexicanos. El General fue siempre respetuoso de lo que decían o lo que hacían sus sucesores. Pero viendo un país que se desmorona haría un llamado a la reflexión, a dejar vanidades, a pensar en lo que mejor nos conviniera. Él fue muy tolerante, le gustó escuchar: esta fue una de sus grandes cualidades. Hoy no cejaría en buscar lo mejor. Tocaría todas las puertas: de los intelectuales, de los maestros, de los padres de familia, de los ministros de los cultos. A todos les pediría su opinión y su voz para defender nuestro patrimonio. El pueblo de México tiene memoria y la convicción de su nacionalismo. México tendría la palabra.

Camila con su papá.

Un cumpleaños de Camila.

Este libro se terminó de imprimir en el mes de
junio de 1994, en los talleres de
Lithoimpresora Portales.
Medios tonos: La mano, selecciones de color.
El tiraje fue de 5,000 ejemplares
más sobrantes de reposición
El cuidado de la edición estuvo a cargo de:
Jorge Lépez Vela.